JN314212

文法が基礎からわかる

日本手話のしくみ

NPO法人バイリンガル・
バイカルチュラルろう教育センター 編

岡典栄・赤堀仁美 著

大修館書店

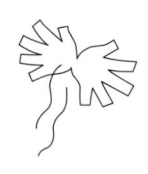

はじめに

　手話を学ぶテキストはいろいろ出版されています。また、講習会などに参加したことがあるという方もいるかもしれません。でも、手話を学び始めた人の多くが、「自分に向かってゆっくりしゃべってくれるとわかるけど、ろう者同士の会話は読み取れない」といった感想をもっているようです。

　この本は、手話ということばのしくみを知りたい人、あるいは、手話を学習し始めたけれど、知識が積み上がって上達していっているという実感がなかなかもてずにいる人たちのために、体系的に日本手話を説明した本です。大人になってから手話を学習する人のための「入門文法書」です。大人になってから新しい言語を学ぶ場合には、赤ちゃんが自然に周りの環境の中から母語を習得していくようなわけにはいきません。大人は1日1時間だって語学の勉強のために時間をさくのは大変です。だったら、なんとか効率よく、体系立てて覚えたいものだと考えるのは当然です。

　語学を勉強するのに、発音練習と文法、そして辞書なしで進めるのはむずかしいですよね。手話も同じです。これまで日本には、簡単にわかる手話の文法書というものがありませんでした。ですから、手話が日本語とは異なる文法構造をもつ独自の言語だということはわかっていても、それがどういう言語なのかを体系的に学習することができませんでした。

　「日本手話」は音声によらない言語です。日本語、英語、中国語などはみな音声言語の仲間ですが、日本手話はまったく別の種類の言語ということになります。

　「日本手話」というからには「アメリカ手話」だの「中国手話」だのがあるのでしょうか。そうです、あります。当然のことながら、アメリカ手話と中国手話は違うことばです。そしてじつは、アメリカ手話とイギリス

手話ですら、全く異なることばなのです。手話は世界共通ではないということです。「なんだ、はじめから共通にしておけばいいのに」と思った人がいるかもしれません。音声言語でそんなことが可能でしょうか。手話も音声言語同様、世界のさまざまな地域で発生した自然言語です。いつか、どこかで誰かがつくった言語ではないのです。

「日本手話を覚えても外国人と手話で話せないのか」とがっかりしないでください。手話にはどこの国の手話でもある程度理解できてしまう共通の「しくみ」があります。その「しくみ」もこの本の中に潜んでいますので、ぜひさがしてみてください。

みなさんの手話学習、手話理解のお手伝いをしようというのがこの本です。手話を指導しているネイティブのろうの先生方にもぜひ使っていただきたいと思います。そしてネイティブの方々が自然に身につけている、映画の実写のような語りや、3次元の地図を見ているような正確な道案内の説明など、手話ならではの魅力的な表現がどんなしくみになっているのか、どうやったらそれができるようになるのか、そのヒントを少しでも見つけていただけたら、大変うれしく思います。

そして、少しでも多くの方々が手話で語り合う喜びを見つけられますよう。

動画を見て学ぼう

本書では、日本手話に初めて接する方のために、写真を添えて説明しています。しかし、手話は3次元の空間であらわされる言語です。実際に動きとしての手話を見て学ぶことが効果的です。そこで、本書では動画とのリンクをご用意しました。

▶

このマークが付いている手話の写真や例文は、携帯電話（スマートフォン）やパソコンで動画を見ることができます。表紙カバー袖のコードを携帯電話のバーコードリーダーで読み取るか、次のアドレスからアクセスしてください。

http://www.bbed.org/com/

もくじ

はじめに ……… 3

I．日本手話の音と形

1. 発音のしくみ　　　　　日本手話の「音」？ ……… 8
2. ミニマル・ペア　　　　〈黄色〉と〈なるほど〉 ……… 11
3. 音素と異音　　　　　　〈歩く〉ときに親指が立っていてもOK ……… 14
4. 調音器官　　　　　　　手が2つあるのは口が2つあるのと同じ？ ……… 16

コラム 佐藤さんは砂糖さん？ ……… 21

5. なまった発音　　　　　学習者のなまり、外国手話話者のなまり ……… 22
6. 日本手話の表情　　　　うれしいときにはうれしい顔？ ……… 25
7. 手話の文字　　　　　　指文字は手話？ ……… 28

コラム 声と手と同時にしゃべるのはあり？ ……… 32

II．日本手話の文法

語のしくみ

8. CL（classifier）とは　　神の視点と人間のおこない ……… 34
9. CLと固定語彙　　　　　〈跳び上がる〉ほど〈びっくりした〉 ……… 39
10. 名詞　　　　　　　　　〈飛行機〉と〈飛ぶ〉 ……… 42
11. 名詞の語形変化　　　　性、数、格 ……… 47
12. 動詞の語形変化　　　　1、2、3、多数 ……… 52

文のしくみ

13. 語順　　　　　　　　　やっぱりSOV ……… 57

14.	否定	／見ない／見えない／見たことない／まだ見てない／	62
15.	疑問	〈佐藤さん？〉と〈佐藤さんは？〉	68

`コラム` 涙垂れいる？ …………… 71

16.	受け身	先生に叱られた	72
17.	使役	後輩に弁当を作らせるには	75
18.	条件	〈雨が降ったら渋滞する〉と〈雨が降ったから渋滞した〉	77
19.	テンスとアスペクト	昔むかしの話と、今している最中の話	79

`コラム` ろう学校は手話で教えない、ろう学校で手話は教えない …………… 82

Ⅲ．日本手話らしい表現

20.	代名詞に男女の別	彼と彼女	84
21.	手段を含む動詞	日本人は箸で食べるんだなぁ	86
22.	日本手話の口型	パ・ピ・プ・ペ・ポ、その他	89
23.	文末のコメント	手話の「〜ですよね」と「〜なんです」	93
24.	日本手話の慣用表現	〈目が安い〉	95
25.	RSとは	ロールシフトまたはレファレンシャルシフト	97
26.	日本手話の敬語	「名前は？」と「お名前は何とおっしゃいますか？」	99
27.	日本手話の男女差と年齢差	〈トイレ〉と〈お手洗い〉	102
28.	日本手話の地域差	〈名前〉は拇印か名札か	104

あとがき …………… 107
もっと日本手話を勉強したい方のために …………… 108
さくいん …………… 109

I
日本手話の音と形

1. 発音のしくみ
―― 日本手話の「音」？

　みなさんは、手話にも「発音」があるということをご存じですか？　ここでは、手話の音(オン)についてお話ししたいと思います。え？　手話に「音(オン)」なんてあるわけないって？　たしかに、手話は音声を使ったことばではありません。でも、言語としての「発音」「音(オン)」にあたるものが、あるのです。
　では、「音(オン)」とは何でしょうか？　もう少しむずかしいことばで言うと、「音韻」とは何でしょうか？　まずは、日本語からみてみましょう。
　たとえば、日本語には、

　　　ア [a]、イ [i]、ウ [u]、エ [e]、オ [o][i]

といった母音がありますね。それが喉(のど)の奥のほうで出される子音 [k] と結びつくと、

　　　カ [ka]、キ [ki]、ク [ku]、ケ [ke]、コ [ko]

という音(オン)になります。
　[s] と結びつくとサ、シ、ス、セ、ソ、[t] と結びつくとタ、チ、ツ、テ、トというふうに、その組み合わせでどんどん数が増えていきます。
　シ、チ、ツは日本語では [si]、[ti]、[tu] とは発音されていません。ヘボン式ローマ字だと shi、chi、tsu と書かれますね。じつは、英語を聞く耳をもった人にとって [si]、[ti]、[tu] と日本語のシ [ʃi]、チ [tʃi]、ツ [tsu] は違う音なのです。それがサ行、タ行と同じ音のくくりだと感

じられるところが日本人の音韻意識です。

　日本語には［ka］の逆の［ak］という組み合わせはありません。なぜなら、日本語は子音では終われないという規則があるからです。後ろに母音を付けて［aka］（アカ）や［aki］（アキ）になればOKです。

　このようにして、日本語では、それ自体は意味をもたない限られた数の音（オン）を一定のルールにしたがって組み合わせることで、無限のことばをつくることができます。そして、このことは、日本語にかぎらず、すべての「言語」の特徴なのです。

　この「それ自体は意味をもたない限られた数の音（オン）をあるルールにしたがって組み合わせることで、無限のことばをつくることができる」という言語の特徴を、じつは、手話ももっています。

　音のない手話にどうして「音韻」があるのかと不思議に思う方も多いでしょう。世界で初めて手話の音韻に気づいたといわれているのは、アメリカにあるろう者のための大学、ギャロデット大学で英語を教えていたウィリアム・ストーキー（William Stokoe）です。

　ストーキーが手話の音韻の構成要素として手の形、位置、動きの3つを打ち出したのは1960年代で、今からすでに50年前のことです。その後、手のひらの向きを加えて4つとする考え方も出ましたが、手のひらの向きは手の形の中に分類されるという考え方もあります。ストーキーはそれらの要素を記述する記号も考えだしました。

　例として、〈わかる〉[ii]という手話単語をみてみましょう。次のページの写真をご覧ください。

　手の形は5指をのばして閉じる。位置は胸。動きは胸を2回たたく、ということになります。〈わかる〉にはもうひとつ似た形があって、それは手の形は同じ、位置も同じ、動きだけが胸をなでおろす動きになります。似たような意味で〈納得する〉（飲み込む＋わかる）という手話があります。飲み込むは〈わかる〉と似たような位置で似た動きをしますが、手の

形は人差し指1本です。

　ストーキーはこのように、手の形、位置、動きという要素こそが、手話の音韻だと考えました。手話では、これらの要素の組み合わせによって、無限のことばをつくることができるのです。

	〈わかる1〉	〈わかる2〉	〈納得する〉
手形：	5指をのばして閉じる	5指をのばして閉じる	下向きに人差し指だけのばす
位置：	胸	胸上部から下部へ	口から胸へ
動き：	2度たたく	なでおろす	上から下への移動

　日本手話の手の形、位置、動きの種類はいくつあるのでしょうか。ストーキーはアメリカ手話の音韻の構成要素として20種類程度の手の形、12種類の位置、22種類の動きを提唱しています。日本手話の場合、研究者によって数え方はまちまちで、定説はありません。

　しかし、大事なことは、言語として利用される要素（手の形、位置、動き）の数には限りがあり、それらがさまざまに組み合わさって無限の語をつくることができるということです。つまり音声言語の世界でおきていることと同じことが、手話言語の世界でもおきているのです。

---

[i] [ ]内は発音記号と呼ばれるものですが、国際音声字母で正確に書きあらわしたものではありません。
[ii] 〈 〉内は手話ラベルと呼ばれるものです。p.28参照。

2. ミニマル・ペア
――〈黄色〉と〈なるほど〉

　ある言語において「語の意味を区別する最小の単位」のことを、音素といいます。この音素を見つけるために使われるのが、ミニマル・ペア (minimal pair) です。最小対語、最小対、最小対立などと訳されます。これは、1か所だけ違う2つの語のペアのことをいいます。

　日本語の例をみてみましょう。

　アカ［aka］とアサ［asa］では［k］と［s］の部分だけが違いますが、それでまったく別の意味の語ができています。このことから、日本語においては、/k/ と /s/ を別の音素としてとりだすことができます。

　それでは、手話のミニマル・ペアをみてみましょう。

　手話の場合には、音韻の構成要素が手の形、位置、動きと3つありますので、3つのうちの2つが同じで、1つの要素だけが違うものをくらべないと、ミニマル・ペアにはなりません。

| 〈黄色〉 | 〈なるほど〉 |

　〈黄色〉と〈なるほど〉は、手の形（親指と人差し指でL字型をつくり、残りの3指は握る。指文字「レ」の形）と動き（親指を固定して人差

11

し指を下向きに90°ぐらいまで２度回転させる〉は同じですが、あらわされる位置が違います。〈黄色〉は額中央で、〈なるほど〉はあごであらわされます。

　次に、手の形と位置は同じで、動きだけが異なるミニマル・ペアを探してみましょう。たとえば、〈新しい〉と〈おめでとう〉がそれです。
　〈新しい〉も〈おめでとう〉も両手を使った語です。両手とも全指握ったグーの形から全指開いたパーの形になります。つまり、手の形は同じです。また、位置も胸の前で同じです。
　違うのは動きだけです。〈新しい〉は胸の前で閉じた両手を下前方に向けて開きます。〈おめでとう〉は閉じた両手を上方に向けて開きます。このペアは、動きの違うミニマル・ペアということになります。

〈新しい〉　　　〈おめでとう〉

　最後に、手の形だけが異なるミニマル・ペアです。
　あごの位置であらわされる手話単語で、〈おかしい〉と〈かまわない〉をみてみましょう。
　動きは２度あごを軽くたたく動きです。手の形は指１本が選択された形で、〈おかしい〉は人差し指が、〈かまわない〉では小指が使われます。これは、位置と動きが同じで、手の形だけが異なるミニマル・ペアということになります。

〈おかしい〉　　　　　〈かまわない〉

　ここまで紹介した例を「手の形」「位置」「動き」に分けて表にまとめてみました。2つの要素が同じで、1つだけ違うことがよくわかります。

ミニマル・ペア	〈黄色〉/〈なるほど〉		〈新しい〉/〈おめでとう〉		〈おかしい〉/〈かまわない〉	
位置	額	あご	○		○	
動き	○		下前方へ	上方へ	○	
手の形	○		○		人差し指	小指

　外国語教育の中では、学習中の言語のミニマル・ペアを使って、音(オン)の違いに集中して発音を身につけさせる教育もおこなわれています。手話をネイティブのように話すために、発音に注意を払ってミニマル・ペアの練習をしてみるのもよいのではないでしょうか。

3. 音素と異音
　——〈歩く〉ときに親指が立っていてもOK

　前節では手の形、位置、動きの1か所だけが違う語をくらべて、日本手話の音素をとりだしてみました。音素とは、語の意味の区別に役に立つ音の違いです。ここでは逆に、意味の区別に役立たない音(オン)の違いをみてみましょう。
　意味の区別に役立たないのだったら、どちらでもいいじゃないか、と思いましたか？　そのとおりです。どちらでもいい音の話です。しかし、意味の区別に役に立つ違いを知ることと同様に、区別に役に立たない違い、どちらでもいい違いを知っておくことは、その言葉をよりよく知るために大切なことなのです。

　〈歩く〉という単語はチョキ（指文字「ニ」）の形をつくって下に向け、人差し指と中指を2本の足に見立てて前後に動かし、歩いている様子をあらわします。そのとき、親指を立てた形で〈歩く〉をあらわす人がいます。

〈歩く1〉　〈歩く2〉

　手話の講習会などで「親指をしまいなさい。人間は歩くときにお腹から横棒なんか出ていませんよ」と指導されることもあるようです。それはそ

うかもしれませんが、手話単語の〈歩く〉は、単純に人間が歩いている様子を写しとってあらわしたものではありません。

　たしかに、手話の〈歩く〉は〈フラフラ千鳥足で歩く〉とか〈上り坂を苦しそうに歩く〉など〈歩く〉様子を他の語彙を用いずに、〈歩く〉という語だけで実写するようにあらわすことができます（p.36参照）。このことから、手話はジェスチャーやパントマイムのように、なにか実際の動作を手の形や動きで実写したものだと思う人もいるかもしれません。しかし、このとらえ方は正確ではありません。

　単に〈歩く〉という場合、たとえば「駅まで歩いて10分です」などと言うときの〈歩く〉は、親指付きであろうとなかろうと、ふつうに歩くことを想定しています。また、千鳥足で歩く場合にも、ふつうに歩く場合にも、親指付きの形であらわす人がいます。つまり、その親指はあってもなくてもいい、どちらでもいい、ということになります。

　同じ例が〈教える〉です。これにも親指付きの形とない形があります。

〈教える〉　　　　　　　〈教える（親指付き）〉

親指があってもなくても意味に変化がおきません。こういうことを、「親指があるかないかは対立的でない」といいます。

　異なる音（ここでは、親指）が同じ位置に現れて、入れかえても語の意味が変わらない場合、それはある音の異音といいます。〈歩く〉〈教える〉において、親指があるかないかは対立的ではなく、親指付きの〈歩く〉〈教える〉の語形は親指なしの語形の異音なのです。

4. 調音器官
── 手が2つあるのは口が2つあるのと同じ？

　言語音を発音するために使われる器官を調音器官といいます。音声言語では、舌や唇などのことを指します。英語では母語のことを mother tongue（母の舌：タンは牛タンのタンですよ）といいますが、音声言語は舌で話すものだからなのですね。

　では、手話の調音器官は何でしょうか。手話というくらいですから、まずは手でしょう。2009年11月の名古屋地裁の裁判でも、交通事故で手と肩に障害が残った人に、単なる「機能障害」ではなく「言語障害」であると認定する判決が出ました。手指を自由に動かすためには、肩、肘、手首などが連動しています。

　手は2つあります。ということは、音声言語でいえば、口が2つある、あるいは舌が2つあるのと同じでしょうか。口の中に舌が2枚あったらどんなことばになるでしょうか。

　手話は基本的に利き手であらわされます。片手だけの手話単語はたくさんあり、それを調音する（形作る）のは利き手です（〈歩く〉〈教える〉〈見る〉〈聞く〉〈行く〉〈言う〉など）。

　両手を使う手話でも、非利き手が単純に「音(オン)」をつくる場所を提供しているだけのものもあります（〈たとえば〉〈理由・意味〉〈売る〉〈買う〉など）。

　これは、日本手話にかぎらず手話言語に共通の性質で、1978年にロビン・バチソン（Robbin Battison）が**利き手に関する条件**として提示しています。

　「もし両方の手の形が異なるのなら、片方の手が動きを担って活動的

であるのに対して、もう一方の手は静的でなくてはならず、しかもその手の形は限られた数の少ないものである」

というものです。

〈たとえば〉という語をみてみましょう。

〈たとえば〉という手話単語はふつう、非利き手をパーの形にして、利き手は親指と人差し指で○をつくり、残りの3指は立てたままにした形（指文字「メ」の形）で非利き手の甲の部分に2度当てます。この場合、非利き手の形はいちばん意味のない目立たない形（これを「**無標**」といいます）であれば何でもよく、それがグーの形でもかまいません。

しかも、もっと驚いたことに、非利き手がふさがっている場合（荷物を持っている、つり革につかまっているなど）、非利き手を使わずに、肩の部分に当てたりすることがあるのです。

利き手と非利き手は役割が違うのですが、非利き手が単純に利き手の動きを受ける場所を提供しているような場合には、このようなバリエーションが許されます。

ほかにも、〈理由・意味〉をあらわす語の非利き手は通常パーですが、グーを使う人もいます。非利き手をともなわない場合もあります。つまり無標の形であればいいのです。

〈たとえば1（パー）〉　〈たとえば2（グー）〉　〈たとえば3（肩）〉

〈理由・意味1（パー）〉　〈理由・意味2（グー）〉　〈理由・意味3（なし）〉

　もうひとつ、バチソンが提示した条件があります。**対称性の条件**と呼ばれるものです。

　「両手が別々に動く場合は、同時に動いても、交互に動いても、両方の手は同じ手形をしていなくてはならない。そして、動きの方向も対称的であるか、同一でなくてはならない」

というものです。日本手話では以下のような例があります。

〈試験（交互）〉　〈相談（同一）〉

〈あわただしい（交互）〉　〈暖かい（同一）〉

　では、ここで問題です。
　〈断る〉という手話があります。両手の形は同じで指を閉じたパーです。片方の手は前方から体のほうに向き、もう片方の手はそれを受けて押し返すように動かし、自分のほうに向かってくる〈依頼〉を〈押し返す〉という形をしています。
　さて、これを片手でやるとしたら、どちらが残ってどちらが消えるのでしょうか？　つまりどちらが動きを担っている強い手なのでしょうか？

〈断る（正面）〉　〈断る（横向き）〉

　正解は、押しているほうの手ではなく、押し戻されて下がっていくほうの手です。もし何かの事情で片手しか使えない場合に、残るのは戻っていくほうの手で、そちらがふつう利き手であらわされます。
　ところが、〈助ける〉では強い手は助けられている人をあらわしているほうではなく、助けているほうの手（閉じたパーのほう）になりますので、〈断る〉とは違います。むずかしいですね。

I　日本手話の音と形

〈助ける（横向き）〉

　大事なのは、手話には言語音をつくる器官は2つあるけれど、その2つは決して対等ではない、したがって、利き手と非利き手がそれぞれ勝手に「音」を出すことはできない、ということです。

　2つの手がコピーのように同じ音を出すか（あるいは交互に主旋律をとるか）、非利き手が伴奏のように目立たない音を出すかのどちらかです。
　2つの手に勝手に別々の音を振りつけても、生理学的に不自然で、無理にやろうとすると不協和音になってしまいます。そのような造語をしたところで、手話の音韻体系になじみませんので、定着することはありません。逆に、手話の音韻体系にうまくはまった語は受け入れられ、定着していく可能性があるということです。

佐藤さんは砂糖さん？

　ろう者が人名やお店の名前などを言うときに、日本語で同じ音をあらわすほかの手話単語を使うことがあります。たとえば、「原さん」は一般的に「腹さん」、「佐藤さん」は「砂糖さん」と表現します。

　ファミリーレストランの「デニーズ」には、「テニス」をあらわす手話や「ディズニー」をあらわす手話が使われます。

　耳が聞こえない人たちが、濁点のあるなしや、長音かどうかとは関係ない世界に住んでいることがわかります。「デニーズ」と「デ(ィ)ズニー」がいっしょになるというのも、おもしろいですね。

　コンビニのローソンは、「聾損」または「聾尊」とあらわされますが、「聾損」が「聾尊」にくらべて悪いイメージだということもありません。

　では、「駐車場」を「注射場」とあらわすのはどうでしょう。ろう者にとっては抵抗があります。「駐車」と「注射」はたしかに日本語の音は同じですが、「注射場」だと注射をする場所と誤解される可能性もあります。わざわざ誤解をまねく言いかえはしないということです。

　手話学習者などが冗談で使うことば遊び・置きかえに、「ありがとう」に対して「家々」と答えたり、指文字「ヤ」を二つ重ねて「ヤバい」というようなものがあります。しかし、これはろう者にとっては受け入れがたいようです。

　手話にも若者ことばや流行語があり、受け入れられて残っていくものと消えてしまうものがあります。

5. なまった発音
—— 学習者のなまり、外国手話話者のなまり

　母語話者（ネイティブ・スピーカー）ではない人の手話には、よくなまりがあります。音声言語でも発音の習得は非常に早い段階でなされ、自分の母語で区別していない音は識別することができなくなります。学習を始める年齢が遅くなると、正しい発音を身につけることは本当にむずかしくなります。日本人にとって英語の［r］と［l］の区別がむずかしい、などがその例です。［r］と［l］を区別して聞いていないので、自分でうまく発音し分けることも苦手です。
　しかし、個々の発音以上に日本人の英語がうまく理解してもらえないのは、全体としてのリズムやイントネーションが日本語のままだからではないでしょうか？
　それと同様に、日本手話も日本語のリズムで話すとなまってしまって、ネイティブ・スピーカーには通じにくくなります。しかし、そこはネイティブですから、なまっていてもわかってくれます。私たちは外国人が話す日本語がかなりなまっていても理解できますし、「お上手ですね」などと思わず言ってしまいますね。それと同じです。

　日本語はモーラ（拍）を単位として、時間的に長さの等しいリズムで音が並んでいきます。だから、「ふるいけや」などと言って指を折りながら5・7・5と数えることができますし、そのリズムが体にしみ込んでいます。同じように、日本手話には手話のリズムがあります。
　いくつか例をあげて、リズムよく、なめらかなイントネーションの手話を話すための、ヒントをお伝えしましょう。

「よろしくお願いします」と言おうとして、〈よろしく〉〈お願いします〉という手話の2単語を表出したとします。〈よろしく〉はグーを鼻の位置から前へ出します。〈お願いします〉は手刀を切る感じで閉じたパーをやはり鼻の位置から前へ出します。

　この2語を別々に発音しようとすると〈よろしく〉で前に出たグーを鼻の位置まで戻して手を開き、〈お願いします〉と言わなくてはなりません。その場合、一度前に出した手を鼻の位置まで戻し、再び前に出さなくてはならず、語と語をつなぐ意味のない動きである「わたり」が生じます。これは面倒ですし、時間もよけいにかかります。

　そこでふつうは〈よろしく〉の発音中に手を前に出しながら手の形をグーからパーに変え、〈お願いします〉に移行して最終的には同じ位置で終了します。

| 〈よろしく〉 | 〈お願いします〉 | 〈よろしくお願いします〉 |

　有名な例としては地名の〈秋田〉があります。蕗の葉をあらわしているそうで、非利き手を上向けにして、甲に利き手の親指を立てて当てる形をしています。しかしこの非利き手を上向けにした形に下から利き手の親指をまっすぐ当てて茎をつくる形は楽な形ではないので、両手の位置関係は必ずしも垂直に保たれません。

　ことばは、楽なほうへ、楽なほうへと変化します。これは音声言語でも同じですね。自然に変化しちゃうん（してしまうの）ですよね。

〈秋田1〉　　〈秋田2〉

　〈父〉〈母〉は、親族であることをあらわす人差し指でほおに触る部分と、〈男〉〈女〉からなります。これらの語も、ほおを人差し指で触っている段階から次の〈男〉〈女〉に移行する準備として、親指あるいは小指が立っています（これを同化といいます）。

　もうひとつ、とっておきの秘訣があります。手話に頻繁に出てくる「指差し」です。これは語ではありませんので、単独で音韻的なまとまりをつくることはありません。文頭に出てきて主語や、話題になっている人を指す指差し、文末にもう一度出てくる指差しなどがあります。

　これらの指差しは、分けて発音せずに、前の語にくっつけてひと続きに発音してください。それだけで、ぐんと手話がなめらかに、ネイティブっぽくなります。

　外国の手話を話す人はその外国手話の韻律をもっていますので、日本手話を話すときになまりが出ます。

　たとえば〈東京〉。両手ともL字型（指文字「レ」の形）をつくって胸の前でかまえ、それを2回上方向に移動させます。日本手話ではリズムは強・弱でアメリカ手話だと弱・強になります[i]。なんだか、「トーキョー」[to:kjo:] と同じ長さの2音節で発音されるのと、「トウキヨウ」[tóukiou] と第一音節にアクセントをかけて二重母音で発音されるのとの違いのように感じられますね。

---

[i] 森壮也（1998）「手話のなまり―日米手話比較から見た手話の音声／音韻の世界」『月刊言語』（Vol.27 No.4）大修館書店 pp.59-63

6. 日本手話の表情
——うれしいときにはうれしい顔？

　手話を話している人たちを見ていると、本当に表情豊かです。語られている情景がいきいきと目に浮かびます。あんなふうに語れたらいいとは思うけど、どうしたらいいのでしょう。
　無理して変な表情をわざわざつくらなくてもいいから、自分で恥ずかしくない程度にうれしいときはうれしい顔を、悲しいときは悲しい顔をすればいいんだよ、というアドバイスを受けたりすることもあります。
　たしかに、ろう者にも聴者にも共通の自然な感情のあらわれとしての表情はあります。しかし、本当にそれだけでしょうか？

　手話において、手にはあらわれない要素を**非手指要素**（NMs, Non-Manuals）と呼びます。表情もそのひとつです。手話を話すときの表情には2つの大きな役割があります。ひとつは上に述べたような、感情に関わる表現です。そしてもうひとつが文法をあらわす表情です。感情表現の表情と文法表現の表情の違いは何でしょうか？

　感情表現の表情は人によってさまざまです。ちょっとうれしい、かなりうれしい、大変うれしいといったように、うれしさにも程度の違いがあります。まあまあうれしいとか、最高にうれしいとか、うれしさをその度合いによって並べることもできますね。つまり、この表現は連続的です。

ちょっと　　まあまあ　　かなり　　大変　　最高に
──────────────────────────▶ うれしい

「うれしい」という表情自体はさまざまですが、手話には程度の強さにそった共通の表情があり、それはろう者の間では共有されています。ですから、ろう者同士の会話においては、わざわざ「まあまあ＋うれしい」、とか、「ものすごく＋うれしい」、というように2つの語に分けてそのうれしさを表現する必要がないのです。
　〈うれしい〉という手話表現の上に、〈まあまあ〉とか〈ものすごく〉といった副詞を顔の表情によってあらわし"重ね合わせる"ことができるのです。これが手話において表現が短くなる理由のひとつです。もちろん、〈まあまあ〉や〈ものすごく〉を別の語を用いて表現することもできるのですが、別の語を使わなくても正確にその程度を伝えられるかどうかで手話の上手・下手が判断できるといってもいいでしょう。

〈まあまあうれしい〉　〈かなりうれしい〉　〈最高にうれしい〉

　このような表情は形容詞だけでなく、「速く走る・ゆっくり歩く」のような動詞にかかる副詞としても用いられ、「ものすごく速く走る」から「極めてゆっくり歩く」のような「程度の変化」をあらわすときに共通に使われる表情です。

　さて、次に文法表現の表情です。文法表現の表情は、「ある」か「ない」かの二者択一で、非連続的です。程度による違いはありません。
　〈その映画は見ました〉〈その映画を見ましたか？〉〈その映画は見ていません〉で使われる手話単語は〈その映画〉と〈見る〉の2つだけです。それなのに、普通の肯定文と、疑問文と否定文になっています。この3つ

を分けているのは何でしょうか？

(1) 〈その映画は見ました〉

(2) 〈その映画は見ましたか？〉

(3) 〈その映画は見ていません〉

　3つの写真の表情が違うのはおわかりですね。ここでの表情というのは、肯定のうなずき、疑問の目の見開き、そして否定の首ふりです。これらの要素は「ある」か「ない」かのいずれかです。うなずきがあるかないか、目の見開きあるかないか、否定の首振りがあるかないか、で意味が変わってきます。

　とうぜん、これらのルールは日本手話話者に共有されていて、(2)の目の見開きの表情を見たら、見た人は「質問されたのだから答えなくては」という気持ちになります。ここで「はい」か「いいえ」かのどちらかを答えなければ、「話の通じない人！」ということになってしまいます。ご用心、ご用心。そして「え、何の映画のこと？」と聞き返したいときには、また、別の表情が必要になります。それにもルールがあります（p.68参照）。

　手話の表情には、感情表現の表情と文法表現の表情があるということをしっかり覚えておいてください。文法表現の表情について、後ほどくわしく説明していきます。

7. 手話の文字
──指文字は手話？

　日本手話には手話を書きあらわす文字はありません。しかたがないので、本書では、その手話を見るとみんなが共通して連想する日本語を〈　〉の中に入れて書きあらわします。それはその手話につけた仮の日本語名のようなものです。〈読む〉と書いてあるのを見たら、それは手話につけられた日本語の"ラベル"だと思ってください。〈読む〉と書いてあるのを見たら、下の写真の手話だと思ってくださいというお約束です。

〈読む〉

　ところが、すでに出てきたように、〈わかる〉という手話には胸を2度たたくタイプとなでおろすタイプがあります。〈わかる〉と書いてあってもどちらをイメージしているかわかりません。そこでどちらかがわかるような説明を加える必要が出てきます。そのような手話の語形がわかる表記法にはいくつかあります。

　有名なのはドイツのハンブルク大学で開発されたハムノーシスという方法です。手の形、位置、動きを並べて書きます[i]。次の例はドイツ手話の〈疲れる〉（丸みをおびた右手で右胸をなでおろす）をあらわしたものです。

［丸味をおびた手］　［手のひら］　［胴体］　［右側］　［接触］　［下向き］　［ゆっくり］

ほかにも、聖書の手話訳や子ども用の読み物などを出版しているサインライトという書き方もあります[ii]。

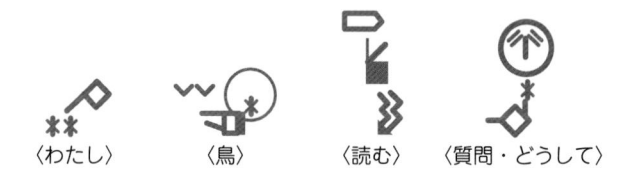

〈わたし〉　〈鳥〉　〈読む〉　〈質問・どうして〉

しかし、見ておわかりのとおり、読んでわかるようになるのも、記号として書けるようになるのもそう簡単ではなさそうです。

日本手話には紙に書くのではない、指であらわす**指文字**のしくみがあります（後見返しの指文字表参照）。これは手話ではなく、日本語をあらわす文字ですから、いくら指文字を使って空中に字を書いてみても、手話にはなりません。

指文字のほかにも、空中に字を書く方法（**空書**／そらがき）があります。漢字などを大きく空中に書くのです（見る人の側から正しく見えるように書く必要はありません）。大きな会場で大勢の人が見るときなどに便利です。ただ、これもろう者が書くと手話的なリズムにのせて画を描くので読みやすいのですが、聴者が書くとメリハリがなくて読みにくいといわれます。

日本語の50音に合わせた指文字は、1931年にアメリカの指文字を学んだ大阪市立聾啞学校の大曾根源助らによって作られたと言われています。指文字の「ア」「イ」「ウ」「エ」「オ」と「カ」「サ」「ナ」「ハ」「マ」「ヤ」「ラ」「ワ」はそれぞれ、アルファベットのa、i、u、e、o、とk、 s、n、h、m、y、r、wを参考にしています。「サ」はアメリカ指文字のsと同じですが、「シ」、「ス」を見るとカタカナの形を使っているのがわかります。「レ」「ル」「ヘ」なども同じです。「ヒ」「ミ」「ヨ」「ム」は1、3、4、6からきていますし、「キ」はキツネの形、また「ヌ」は「盗む」という語の形からきています。「ノ」「リ」「ン」のように字を空書する、動きを伴う字もあります。

　指文字は手話ではありません。文字です。日本語で外来語をあらわすときにカタカナを使うように、手話でも日本語などの外来語（日本語も手話にとっては外来語です）を指文字であらわします。

〈サ〉　〈プ〉　〈リ〉

〈メ〉　〈ン〉　〈ト〉

　たとえば、「サプリメント」を指文字でこのように示します。「栄養補助食品」と手話で説明すれば意味はわかりますが、それは一度翻訳を経たものということになります。

---

[i] http://www.sign-lang.uni-hamburg.de/projects/hamnosys.html
[ii] http://www.signbank.org/SignPuddle1.5/lost3.php?ui=1&sgn=64

日本語の指文字は利き手で縦に綴りますが、その綴り方も手話の韻律にのっとって表現されます。一字一字正確にバラバラに示すのではなく、全体としてまとまりをもったものとしてあらわされ、読みとられていきます。たとえば「ミルク」は「ミ・ル・ク」ではなく、「ミルク」とひと続きに表現されます。

　「ムリ」「スル」などのように、回転をともなう動きになるような指文字のまとまりが語彙化して、手話単語として取り入れられたものもあります。

〈ムリ〉　　　〈スル〉

祖父とテニスの練習して大腿骨つかめた！？

ソフトテニスノレンシュウシテダイタイコツツカメタ

声と手と同時にしゃべるのはあり？

　手で日本手話を話しながら、声で日本語を話すことは可能でしょうか。
　日本語と英語を同時に話すことは、口が2つないのでできませんから、2つの音声言語を同時に話すことができないのは明らかです。両方話したかったら、日本語、英語、日本語のように順番に話さなくてはなりません（コード・スイッチング）。
　では、手話言語と音声言語ではどうでしょう。手話は手で話し、音声言語は口で話すというように使う道具が違う（モダリティが違うといいます）ので可能でしょうか。
　日本手話と日本語で考えてみましょう。
　日本手話の文法は顔の表情にもあらわれます。また、手話独特の口型が必要な場合もあります。顔や口も日本手話を話すために必要な道具なのです。したがって、基本的には日本手話を話しながら日本語を話すことはできません。
　しかし、最近のアメリカの研究には、ろうの親の下で育った聞こえる子ども（CODA）で、アメリカ手話（ASL）も英語も同じように使える人たちが、ASLと英語を同時に使っている（コード・ブレンディング）場面を調べたものがあります。
　音声言語を話している場合でも、CLであらわされるASLの動詞などが声と同時にあらわされることがわかってきました。これは、音声言語に単に手話単語をつけたものではないようです。脳が概念やできごとをことばに変えるとき、モダリティが違う場合は、2つの言語を同時に別々に使うこともできる、ということのようです。

II
日本手話の文法

8. CL (classifier) とは
―― 神の視点と人間のおこない

　手話の文法を理解するうえで欠かせないことばに、CL があります。CL は Classifier という英語の略語で、日本語では**類別詞（辞）**などと訳されます。classify は「クラスに分ける」ということですから、何かある共通の基準にしたがってまとまりをつくってグループに分けるもの、ということになります。

　日本語の例で説明しましょう。細長いものを数えるときは１本、２本と数えます。本などのような束ねられた厚みのあるものを数えるときは１冊、２冊。また紙のような薄い、ヒラヒラしたものを数えるときは１枚、２枚。この「本」「冊」「枚」などは、助数詞と呼ばれます。この助数詞は、名詞を具体的な種類や形状に応じて分類していますので、日本語における類別詞（辞）でもあるわけです。

　手話においても、細長いもの、厚みのあるもの、薄い紙片などをあらわす決まった方法があります。これは世界中の手話に共通のルールだといってもいいでしょう。

〈細長いもの〉 　〈厚みのあるもの〉 　〈薄いもの〉

　同じ細長いものといっても、鉛筆、電柱とひもではあらわし方が違いま

す。また、厚みがあるものといっても、クッションと舗装道路に使うセメントブロックは、形状は似ていてもあらわし方が違います。重さや、質感が異なるからです。そして、たとえば細長いものであれば、話者の目が細くなってほおがくぼむのに対し、厚みのあるものではほおが膨らむ、といった規則があります。その組み合わせを逆にすることはできません。

下の写真は規則違反の例です。これは「6．日本手話の表情」に出てきた、形容詞・副詞的な用法の表情と密接に結びついた文法上の規則です。

〈＊(ほおが膨らんだ)
細長いもの〉

＊は、誤まった表現の印です。

CLには手で形をなぞってあらわすものと、動きをあらわすものがあります。手話ではCLを用いて、ウィスキーのロックグラスからワイングラス、シャンパン用のフルートグラス、ブランデー用のグラス、ふつうのコップ、ビールのジョッキまで、正確に表現し分けることができます。

〈コップ〉　　〈ワイングラス〉　　〈ジョッキ〉

手話のCLは名詞だけを分類するものではありません。「千鳥足で歩

く」や「急坂を歩く」など歩き方の様態を〈歩く〉という動詞にかぶせて同時にあらわすことができます。それも CL 表現のひとつです。

〈千鳥足で歩く〉 　　〈急坂を歩く〉

　次に、「車を運転する」という文をみてみましょう。
　〈車〉も〈運転する〉もハンドルを握って自動車を運転するような動きをします。〈運転する〉には握ったハンドルをそのまま前方へ出す動きもあります。その車を駐車するには別の形をした〈車〉が登場します。利き手で車のボディの形をあらわしたものです。

〈車〉 　　〈運転する〉 　　〈駐車している車（実体 CL）〉

　〈駐車している事〉は実体 CL と呼ばれるもので、そのものの全体の形を手であらわします。それに対し、ハンドルを握って運転している動作で〈車〉をあらわすほうは、操作 CL といわれます。
　また、バスやトラックを〈運転する〉場合には、別の操作 CL が用いられます。

〈トラックを運転する〉

　では、次に「自転車を駐輪する」の例を考えてみましょう。

　〈自転車〉という手話単語はペダルをこいでいる様子をあらわした操作CLからできた語です。それを駐めたときの自転車全体の形は車と同じでしょうか？　いいえ、違います。自転車は車のボディのように丸みをおびたものではなく、薄くて平たいものですね。したがって、駐まっている自転車は手刀のような厚みのない形で全体があらわされます。アメリカ手話には「乗り物」全般をあらわすCLがあるのですが、日本手話にはそのような「乗り物」の包括的なCLはありません。

〈自転車〉 　〈こぐ〉 　〈駐車している自転車（実体CL）〉

　基本的に、実体CLは物体を静止画的にとらえたもので、名詞に近く感じられます。実体CLでは、〈車〉でも〈自転車〉でもすっかり小さくなって手の大きさに縮小されます。全体を俯瞰する視点、神の視点からの表現だといえるでしょう。

他方、操作CLというのは常にその動作をしている主体が存在するという動詞のようなイメージがあります。操作CLは操作している人間を想定し、その実物大、等身大であらわされます。〈ドア〉はドアノブを回してあける手の動きであらわされますが、そのドアノブを回している人間の手は、当然ながら実物大の大きさです。

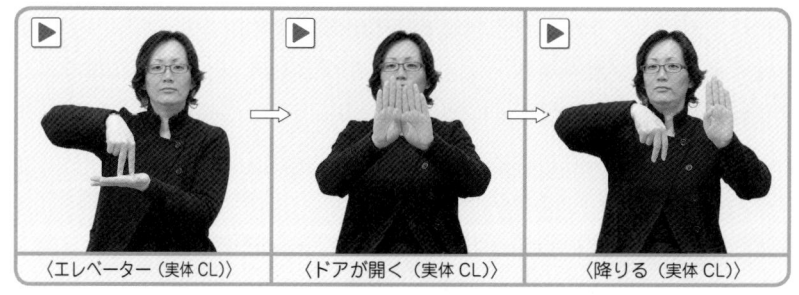

〈ドア〉

〈エレベーター（実体CL）〉 → 〈ドアが開く（実体CL）〉 → 〈降りる（実体CL）〉

「エレベーターで上の階に行き、着いたので降りた」

　手話のCLは神の視点に立って全体を俯瞰したり、実寸サイズの人間の視点で地上を移動したりと目まぐるしく変化します。その間に視点の転換がおこっているわけですが、それを見つけるのは容易ではなく、また、それを自分で自在にあらわすとなると、学習者にとっては至難の業です。

9. CLと固定語彙
——〈跳び上がる〉ほど〈びっくりした〉

　CLにいろいろな種類があることは前節でみました。CLは多くの手話単語の起源、あるいは語源となるものですが、音声言語と異なるところはCLがすっかり語彙化して、ふつうの語彙（固定語彙）となった後でも、いつでも自由に解凍したり、また固めたりできるところです。

　さて、人は驚くと跳び上がるものなのかもしれません。日本語でも「跳び上がるほどびっくりした」というように、「びっくりする」の様子をあらわす例として「跳び上がる」が使われます。手話では〈跳び上がる〉という動作をあらわす表現から、〈びっくりする〉という語が生まれてきました。

　〈跳び上がる〉という手話は、非利き手が地面を、利き手が人間の足をあらわして、まさに地面から足が離れる様子を表現します。これは、人間も地面も手のサイズに縮小されていますので、前節でみた実体CLにあたります。

〈跳び上がる〉　　〈びっくりする〉

　他方、〈びっくりする〉では、すでに非利き手は地面をあらわしておら

ず、また、利き手も跳び上がる人間をあらわしていません。非利き手から利き手が離れていくという動きが〈びっくりする〉という語彙をあらわしているわけで、もはや利き手と非利き手はそれぞれ別の意味をもっておらず、ひとつの塊になっています。

このように、CLをもとにしながら語彙がひとつの塊として独立し、もともとの語源意識から離れて使われるようになることを、**語彙化**と呼びます。そして、語彙化によって生まれた語を、**固定語彙**と呼びます。

CLである〈跳び上がる〉では、非利き手が地面、利き手が人間の足をあらわす、という語源意識がありました。ところが、語彙化して固定語彙となった〈びっくりする〉ではそうではありません。

〈跳び上がる〉において非利き手は地面をあらわしていますから、地面と水平でなくてはなりません。また、利き手は人をあらわしていますから、その人が地面を蹴って上昇しなくてはなりません。ところが、〈びっくりする〉では非利き手から利き手が離れることだけに意味があるので、左右の腕のかまえはより自然な位置、つまり左右の手のひらが向き合う形になります。

〈びっくりする〉という意味をあらわす手話には、ほかに、〈あごが外れる〉〈心臓が破裂する〉〈目玉が飛び出す〉があります。同義語と呼んでもいいかもしれません。

〈あご外れ〉　　〈心臓破裂〉　　〈目玉飛び出し〉

もともとはそれぞれ文字どおりの意味をもっていたものが、比喩として

語彙化し、〈びっくりする・驚く〉という固定語彙になったものです。〈あごが外れる〉〈心臓が破裂する〉などは怪我や病気の症状としてもありうるもので、その場合は、〈びっくりする〉という意味ではなく、文字どおりの意味をもつことがあります。

　語彙化してすっかりもともとのCLとしての要素が薄れてしまっていても、もう一度CL表現に戻してことば遊び（冗談）として楽しむこともできます。

　　〈（あんまり驚いたので）あごが外れて、ぶらぶらした〉
　　〈（あんまり驚いたので）目玉が飛び出して、地面を転がり、泥まみれ
　　　になってしまったので水道の水であらってから元の位置にもどした〉

のように自在にくわしくあらわすこともできます。〈跳び上がる〉タイプの〈驚く〉でも、

　　〈（あんまり驚いたので）逆宙返り2回転半をしてしまった。そして
　　　無事に着地した〉

などと表現することができます。
　ただ、実体験として本当に驚いたことをあらわす際には、実寸タイプのCL〈あご外れ〉〈心臓破裂〉〈目玉飛び出し〉が用いられ、〈跳び上がる〉タイプは用いられないという報告もあり、興味深いところです。

　日本語「びっくりする」の「びっくり」や「びくびく」は様子を音で描写したもので擬態語と呼ばれます。これがもとになって「びくつく」という語が生まれました。もともと擬態語や擬声語（これらをオノマトペといいます）であったものが、語彙化して固定語彙になることがあるわけです。手話のCLにも似たような働きがあると考えることができます。

10. 名詞
――〈飛行機〉と〈飛ぶ〉

　手話の語彙には大きく分けてCLと固定語彙という2つの種類があることをご紹介してきました。次に、固定語彙についてよりくわしくみていくことにしましょう。

　手話の品詞分類が音声言語と同じでいいのかという、根本的な問題はありますが、手話にも〈花〉〈本〉〈車〉といった語があり、〈咲く〉〈読む〉〈運転する〉というような語があることは明らかです。前者を名詞、後者を動詞と呼ぶことにしましょう。

　手話の名詞にはどんな種類があるでしょうか？　CLがもとになっている名詞が多いので、形をあらわしたCLからできたもの（〈本〉〈山〉〈家〉など）、それを扱う動きをあらわすCLからできたもの（〈車（ハンドルを回す動き）〉〈ドア（ドアノブを回す動き）〉〈食事（箸を使って食べる動き）〉など）があります。

| 〈本〉 | 〈山〉 | 〈家〉 |

〈車〉　〈ドア〉　〈食事〉

　形をあらわしたCLから作られた名詞の中には〈机〉のように「限定された平らな表面」をあらわすCLからきたものがありますが、これは「平らなものが広がっている」状態とは区別されます。〈机〉はその平らな物体の端までの限定されたものであり、手の動きもその限界がはっきりわかるような限界で止まる動きになります。それに対し、どこまでも広がる平面は境界線のはっきりしないゆるみのある動きになっています。

〈机〉　〈平面〉

　そのような動きの性質の違いは〈飛行機〉と〈飛ぶ〉、〈車〉と〈運転する〉、〈カーテン〉と〈カーテンを開ける・閉める〉、〈椅子〉と〈座る〉のようなペアにもみられます。
　日本手話の名詞と動詞のペアでは、動詞が本来の動きをあらわしている（たとえば〈飛ぶ〉は軌跡を描きます）のに対し、名詞は動作を抽象化して動きは小さく、短くなります。動きが小さくなり、ゆるんでくると見えにくくなるのか、反復されることが多くなります。〈飛行機〉〈車〉〈カー

テン〉は小さい動きが2回繰り返されるようになります。〈椅子〉については2回繰り返されることが多いのですが、両手であらわされ、接地点があるために動きがゆるんでもはっきり見えるので、1回であらわされる場合もあります。それに対し、動詞の動きは1回の動作であらわされます。〈運転する〉が繰り返される場合には、「ずっと運転する」ことをあらわします。

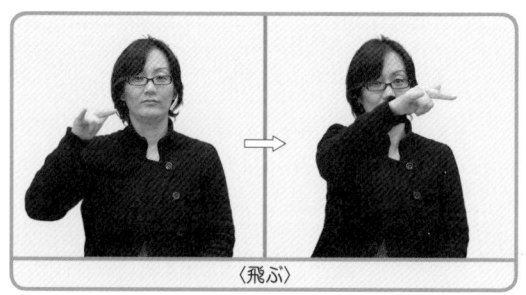

〈飛行機〉　　〈飛ぶ〉

また、物の形をなぞることでその形状を表すCLから生まれた語、たとえば〈墓〉と〈ビル〉では形をなぞる方向が違います。〈ビル〉は屋上が自分では見えないので下からあらわします。

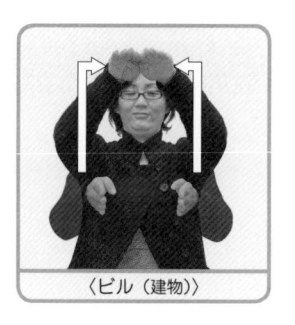

〈墓〉　　〈ビル（建物）〉

　手話の名詞には漢字から借用したものもたくさんあります。たとえば〈川〉。これには川が蛇行しつつ流れる様子をあらわすCLからきた語のほかに、漢字の「川」をそのままあらわした形式もあります。

〈川（CL）〉　　　　〈川（漢字借用）〉

　この漢字借用の形式は、人名、地名などの限定された範囲でしか用いられません。しかし、空中に実際に字を描いて日本語の語彙をあらわす「空書（そらがき）」(p.29参照)は、一般的によく利用されます。大きな会場での講演で指文字では読みにくい場合など、大きく空書するという方法が使われます。

　また、たとえば、〈公園〉〈公務員〉などの語では、〈公〉の部分に「公」という漢字の一部を書いてあらわす方法が用いられます。

空書（そらがき）　　　　〈公〉

　最近つくられた語彙の中には、頭文字を指文字であらわした語がみられます。これはアメリカ手話ではよくみられる形式で、たとえば、〈部屋／room／〉という語に頭文字Oを指文字で付けてあらわすと〈事務所／office／〉となります。同様に、日本手話でも〈建物〉に指文字「シ」を付けてあらわすと〈施設〉という意味になります。

　この方法によると簡単に多くの語をつくることができるために、安易に

利用されることもありますが、その中で語彙として定着していくものとそうでないものがあります。

〈わかる〉に指文字「リ」を付けて〈理解〉、〈考え〉に指文字「カ」を付けて〈概念〉などとするように、抽象名詞をあらわすには便利ですし、〈エイズ〉のような外来語の頭文字を使ってあらわすにも重宝します。また、「弁護士、看護師、通訳士」などといった職業を意味する「士」を指文字「シ」であらわすというように、語頭ではなく語末の文字を使うこともあります。指文字を固定語彙に添えるこのような語形は、手話本来の形ではなく、美しくないと感じるろう者もいるようです。

〈リ〉　＋　〈わかる〉　＝理解

英語のIがmy、me、mineと変化するように、名詞の語形変化でいちばん大きいものは格変化ですが、日本手話の名詞自体は格関係をあらわすための語形変化をしません。日本語も同じですね。日本語は膠着語と呼ばれ、格変化は「わたしは」「わたしの」「わたしに」というように、名詞の後に助詞を付けてあらわします。手話の格関係はまったく別の方法であらわされます（p.47「11. 名詞の語形変化」参照）。

11. 名詞の語形変化
――性、数、格

　名詞の語形変化とは、名詞の性、数、格による変化のことです。性（男か女か）、数（単数、複数など）、格（主格、目的格、所有格など）にあわせて形が変わることを指すので、一致とも呼びます。

　まず、日本手話は性によって変化するでしょうか。

　日本手話のすべての名詞が男性名詞、女性名詞、中性名詞に分けられるわけではありません。ただ、人間をあらわす名詞には男性形と女性形があり、それぞれ親指と小指が用いられます。〈男〉〈女〉〈男たち〉〈女たち〉とあらわされ、男女が交ざった複数の場合には〈人々〉という形が用いられます。

〈男〉　〈女〉　〈男たち〉　〈女たち〉

〈一組の男女〉　〈人々〉

人間の男女をあらわす名詞の場合（祖父母、父母、娘、息子など）には共通して同じ手型（親指と小指）が用いられます。動物の雄雌は、〈犬＋オス〉〈猫＋メス〉のようにあらわします。「担任の先生」は、先生が男性であれば〈担任・先生＋男〉、女性であれば〈担任・先生＋女〉であらわします。

　次に、日本手話の名詞は数によって変化するかどうかです。
　日本語にも、「人々」「家々」といった複数形がありますし、「子どもら」「子どもたち」といった複数をあらわす接辞もあります。しかし、「机の上に本が3冊ある」という文の場合、複数であることをあらわすのは「3冊」のほうであって、「本」は語形変化していません。
　日本手話の場合、日本語と同じように〈本・3〉とあらわすこともできますが、本の形状をそのまま〈3冊立っている〉〈3冊平積みになっている〉とCLであらわすこともできます。その場合、手話単語〈本〉が語形変化しているのか、〈ある〉という存在をあらわす動詞のほうが数に一致しているのかは、判断がむずかしいところです。手話の名詞に複数形はない、という立場もあります。

| 〈本・3〉 | 〈3冊立っている〉 | 〈3冊平積みになっている〉 |

　「各グループからの要望をとりまとめている」などという例の場合、手話では〈各グループ〉の部分も〈要望〉の部分も複数形であらわします。〈要望する〉の起点となる〈各グループ〉を複数形にしなければ、「1つのグループからの複数の要望」ということになってしまうので、この場合

は、〈グループ〉を複数形にする必要があるのです。

　最後は、名詞の格変化です。
　ドイツ語やロシア語を知っている方はすぐに何のことかおわかりでしょう。日本語と英語しか学んだことがなければ、ピンとこないかもしれません。
　英語はほかの西洋のことばほど格変化が複雑ではなく、代名詞の格変化くらいしかありません。I, my, me, you, your, you, he, his, him, she, her, her などと唱えて覚えなかったでしょうか。my, your, his, her は所有格と呼ばれ、me, you, him, her は目的格と呼ばれますね。これが格変化です。

	主格	所有格	目的格		主格	所有格	目的格
私	I	my	me	私たち	we	our	us
あなた	you	your	you	あなたたち	you	your	you
彼/彼女	he/she	his/her	him/her	彼ら/彼女たち	they	their	them

　「～の」という所有格をあらわす形はアメリカ手話にはありますが、日本手話では別の形をとらず、主格と同じ形を使います。
　格関係は日本手話では指差しであらわされ、名詞自体は変化しません。日本手話では主語は基本的に文頭におかれ、主語〈私は〉は自分の鼻に向かっての指差しであらわします。この一人称主格の〈私は〉も、手話ごとに違いがあり、日本手話では鼻を指しますが、アメリカ手話では胸を指します。
　主格と所有格が同じ指差しの形をとるので、一見すると、「私は」と「私の」の区別がしにくいということになります。たとえば、「私と妹がハワイに行く」という文と「私の妹がハワイに行く」は、手型だけ見ていると〈私・妹・ハワイ・行く〉と、同じ形に見えます（〈行く〉という動詞はここでは必ずしも複数にする必要がないので、主語が単数なのか複数な

のかを動詞で識別することもできません)。これでは、どちらの意味なのか区別できない、と思われるかもしれませんね。これが手話には「てにをは」がないので劣った言語だと誤解されてきた理由のひとつです。

〈私〉 　〈妹〉 　〈ハワイ〉 　〈行く〉

　しかし、じつは、手話では「私と妹がハワイに行く」という文と「私の妹がハワイに行く」を明確に区別しています（▶）。それは〈私〉と〈妹〉の間にあるうなずきです。
　うなずきがあれば2つの別々の語（私および妹）として認識され、うなずきがなければ、ひと続きの語、すなわち「私の妹」と認識されます。手話は手だけで話すことばではありません。顔の表情や身体全体が、ことばを発する器官として使われているのです。

　主語を指す指差しは、何が主語になるかによってさまざまな場所に向けられます。手話ニュースなどを注意して見ているとおもしろいですよ。政府与党、野党やアメリカ政府、両陛下などが主語になったときの指差しを探してみてください。

〈政府与党〉 　〈野党〉 　〈アメリカ政府〉 　〈両陛下〉

ただし、これらの語に特定の空間上の位置が割り当てられているわけではありません。与党と野党が対立関係にあるという文脈と、大連立の話をしているという文脈とでは、指差しの位置は異なります。

　文末には、その文の主語にもう一度軽い指差しをすることがよくあります。これはそれだけで独自の音節をつくることはなく、直前の語に続けて表現されます。文末の指差しで「私が自転車を壊した」と「私の自転車が壊れた」が区別されます。

〈私〉　　〈自転車〉　　〈壊す〉　　〈pt1（私）〉

▶「私が自転車を壊した」

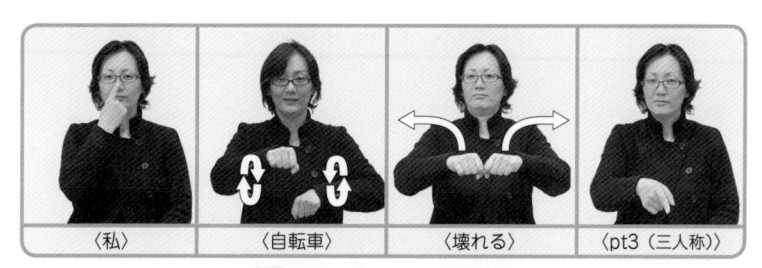

〈私〉　　〈自転車〉　　〈壊れる〉　　〈pt3（三人称）〉

▶「私の自転車が壊れた」

　私が壊した場合には文末の指差しは〈私〉に向けられ、自転車が勝手に（知らないうちに）壊れた場合には指差しは〈自転車〉に向けられます。手型に現れるのは〈私・自転車・壊す〉だけでも、「私が自転車を壊した」と「私の自転車が壊れた」の区別がつくことがわかりますよね。これは自動詞と他動詞の区別があるということでもあります。

12. 動詞の語形変化
―― 1、2、3、多数

　手話の動詞の語形変化は数、人称、アスペクト[i]などに応じておきます。手話の動詞で人称が必要となるのは、目的語に人をとる場合で、「山田さんに本を渡す」というような、「誰に」（ニ格）が出てくる場合です。典型的な例としては、授受動詞（〈あげる〉〈もらう〉など）、〈わたす〉〈説明する〉〈質問する〉〈報告する〉などがあげられます。

　手話の動詞には、そのような人称変化を語形変化であらわすものと、そうでないものがあります。

　前者は〈言う〉〈見る（チョキの手型のもの）〉〈わたす〉〈説明する〉などで、その動詞があらわす意味そのものに方向性があり、その方向を人称に合わせて語形変化させるものです。後者は〈待つ〉〈知る〉〈わかる〉などで、語形が体に接触しているという物理的・身体的な制約から語形変化をおこしにくいものです。

　まず、人称による語形変化（一致）がおきない動詞からみてみましょう。たとえば、〈待つ〉〈知る〉のような動詞です。

　　　　〈待つ〉　　　　　　〈知る〉

「私は山田さんを待つ」「田中さんは山田さんを待つ」という例文でみて

みましょう。

　主語が「私」（一人称）であれば、話者のあごの下の位置で〈待つ〉という動詞を示します。では、主語が「田中さん」（三人称）の場合はどうしたらいいでしょうか。

　手話では第三者をあらわすときに空間を使います。「田中さん」がおかれる空間上の位置は話者と田中さんの関係によって変わってくるのですが、ふつうに第三者がおかれる空間上の位置は利き手の斜め前方になります。ところが、〈待つ〉という動詞をあらわすことができる位置は、話者のあごの下と決まっていますので、この「田中さん」（三人称）と〈待つ〉をどのように組み合わせるか、という問題が生じるわけです。日本手話はこの問題をどのように解決しているのでしょうか。

　同様のことが、〈知る〉についてもいえます。〈知る〉は、胸を２度たたくか、なでおろすという語形ですので、話者の胸の場所以外の場で形作ることはできません。「私は佐藤さんを知っている」は簡単にいえますが、「田中さんは佐藤さんを知っている」は、どのように表現するのでしょうか。

　これらの疑問に対する答えは、下のようになります。

　　　「私は山田さんを待つ」　　　　私（=pt１）　山田　待つ-pt１
　　　「私は佐藤さんを知っている」　私（=pt１）　佐藤　知る-pt１
　▶「田中さんは山田さんを待つ」　田中 pt３　山田　待つ-pt３
　▶「田中さんは佐藤さんを知っている」　田中 pt３　佐藤　知る-pt３

　pt とは、指差しにより示される人称のことです。主語の「田中さん」に pt３を付けて三人称の主語であることを示し、動詞の〈待つ〉〈知る〉にも pt３を付けて、その動詞が三人称の主語と対応していることを示すのです。

　以上のように、〈待つ〉〈知る〉のような語形変化をしない動詞の場合には、日本手話では指差し pt３を付けて人称を示し、主語と動詞の一致を

表現します。

| 〈私（pt1）〉 | 〈二人称（pt2）〉 | 〈三人称（pt3）〉 |

　次に、動詞自体が語形変化をするものをみてみましょう。〈言う〉〈見る（チョキの手型のもの）〉などがあります。

　〈言う〉は口の位置から閉じられていた手型（グーの形）が前方へ向けて開いていくという語形をしています。これは一人称が二人称の相手に向かって言う形です〈私があなたに言う〉。逆に〈あなたが私に言う〉場合には、〈言う〉という動詞は前方でグーの形を自分に向けてつくったうえで、それを開く形になります。

　一人称から三人称に言うことも、その逆に三人称から一人称に言うこともできます。また、〈自分（一人称）が多くの人々に一斉に言う〉ことも、〈あちこちでいろいろな人に自分（一人称）が言われる〉ことも動詞の語形変化であらわすことができます。手話では、このような方向性が変化する動詞を一致動詞と呼びます。

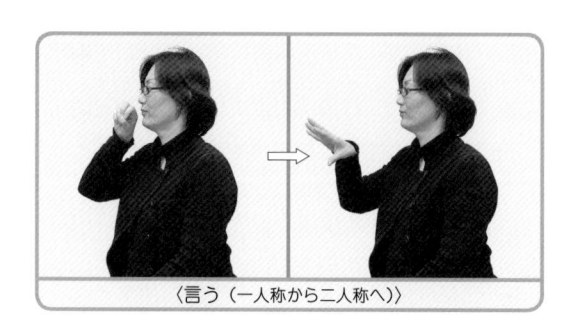

〈言う（一人称から二人称へ）〉

〈言う（二人称から一人称へ）〉

〈言う（三人称から一人称へ）〉

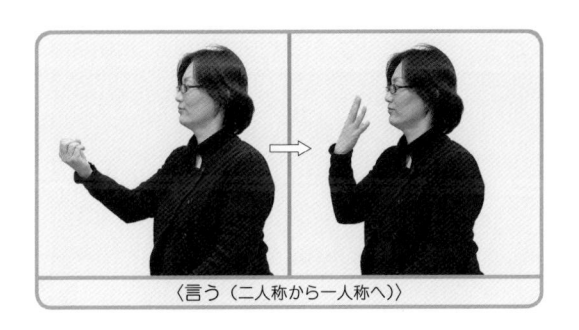

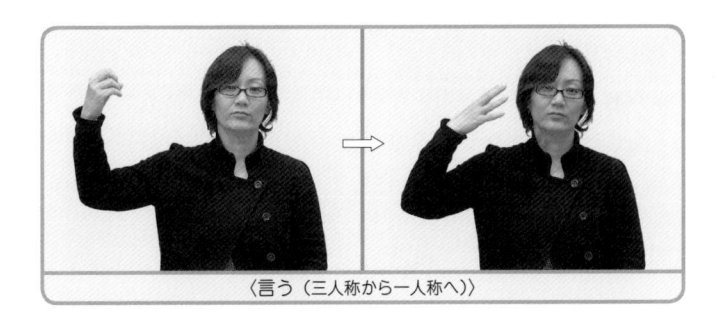

　日本手話の場合は性の一致はありませんので、女性形と男性形で動詞の形は変わりません。しかし、義務的な数の一致はありますので、日本語よりも数には敏感だといえるでしょう。以下、数による動詞の語形変化を具体的にみてみます。

　まず、自動詞の例です。

　たとえば、「交通事故で１人死んだ」と言う場合には〈死ぬ〉という動詞が１回あらわされますが、「交通事故で２人が死んだ」と言う場合には、〈死ぬ〉を２回あらわす必要があります。３人死んだ場合、動詞は３回です。４人以上になると動詞を繰り返す数は増えませんが、やはり単数形ではなく、複数形であらわします。

　「地震で多くの人が死んだ」と言う場合には、〈死ぬ〉という動詞は必ず複数形をとります。

　このように、数の一致に関して、自動詞の場合、動詞の語形は主語に一

致させます。

〈1人死ぬ〉　〈2人死ぬ〉　〈多数死ぬ〉

次は他動詞の例です。

「先生は資料を3人に配った」では〈配る〉という動詞が3回あらわされます。「先生は資料をクラス全員に配った」では別の動詞の形が用いられます。動詞はそれぞれ、目的語である人、〈3人〉〈クラス全員〉に対応して変化します。

このように、他動詞の場合、数の一致に関して、動詞の語形はニ格の目的語（人）に一致させます。

〈3人に配る〉　〈全員に配るA〉　〈全員に配るB〉

---

[i] 動詞があらわしている内容が完結してまとまっているか、未完結で広がっているか、瞬間的なのか、継続的か、断続的か、反覆するのかなどをあらわす形式のことです。英語の進行形といわれるbe動詞＋〜ingや、日本語では「雨が降っている」の「〜ている」などがその例です。アスペクトによる動詞の語形変化はp.79「19. テンスとアスペクト」をご覧ください。

13. 語順
—— やっぱり SOV

　日本手話の基本語順はS（主語）＋O（目的語）＋V（動詞）で、日本語と同じです。というと、日本語や日本手話に本当に主語はあるのか、とか、動詞がない文はどうなるのかというような疑問がわくかもしれません。手話の語順はその周りで話されている音声言語の語順と同じ場合が圧倒的に多いので、ここでは日本手話の語順を日本語や英語の語順と比較しながら話を進めたいと思います。

　まず、S（主語）とV（動詞）だけの文をみてみましょう。「誰（何）はどうする」というタイプの文です。
　「私は寝る」の手話表現では〈私〉(S) と〈寝る〉(V) がその順番であらわされます。日本手話では基本的にどの文型でも主語は省略できません。また、文末の指差し（pt1）は主語〈私〉に一致します。

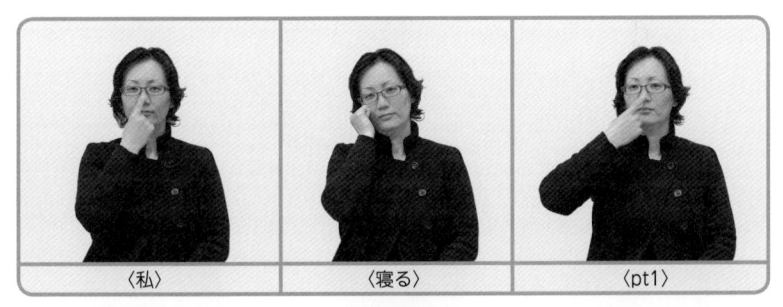

| 〈私〉 | 〈寝る〉 | 〈pt1〉 |

「私は寝る」

　次は、「私は学生です」のような、日本語では動詞を使わずに述語があらわされる文です。「私は学生です」は「私＝学生（A＝B）」という関係をあらわしています。英語では「I am a student」となり、「am」という

be 動詞が用いられますね。これは日本手話では〈私〉〈学生〉の 2 語がその順番であらわされます。この場合、日本手話では「＝」をあらわす動詞は用いられません。

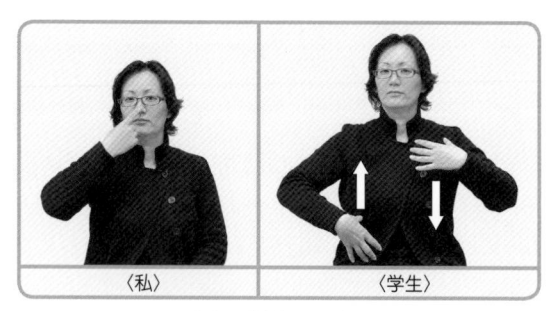

〈私〉　〈学生〉

「私は学生です」

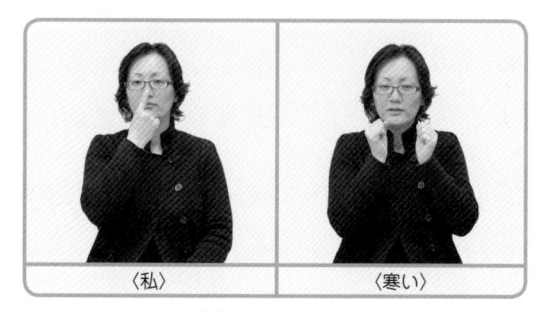

〈私〉　〈寒い〉

「私は寒いです」

「私はパンを食べる」は、日本語と同じ SOV の語順です。

〈私〉　〈パン〉　〈食べる〉

「私は兄にパンをあげる」のような目的語を 2 つとる一致動詞の文では、

〈私〉　　〈兄〉　　　〈パン〉　　　〈あげる〉
主語（S）＋間接目的語（O）＋直接目的語（O）＋動詞（V）

となり、やはり日本語と同じ語順です。そして、動詞の前に人間をあらわす名詞が2つある場合には、前にあるほうが主語としての解釈を受けるというかなり強いルールがあります。

　目的語を2つとる動詞は（誰かに何かを）「あげる」「渡す」「もらう」といった授受動詞が典型的です。その場合、「12. 動詞の語形変化」でみたように、一致動詞の場合、動詞の方向が主語から間接目的語（誰に）に一致します。

　日本語の語順はかなり自由だといわれます。次のような文を考えてみましょう。

　　（1）　私はきのう図書館で雑誌を読んだ。

この文は、

　　（2）　きのう私は図書館で雑誌を読んだ。
　　（3）　図書館できのう私は雑誌を読んだ。
　　（4）　雑誌をきのう私は図書館で読んだ。

と言いかえることができます。これらは、おおむね同じ意味をあらわしていますが、（1）がいちばんふつうの文で、（2）は「きのう」、（3）は「図書館」、（4）は「雑誌」がその文で話題にしたいことであると考えられます。

　たとえば、（3）は「図書館と言えば、きのう私は雑誌を読んだ」、（4）は「雑誌と言えば、きのう私は図書館で読んだ」のように、文頭にきている語が話題化していると考えられるわけです。

　手話の文でも、日本語の同じように語順の入れかえが可能で、それに

よって話題化する要素を変えることができます。

　　図書館と言えば、きのう私は雑誌を読んだ
　　〈図書館　言う　きのう　私　雑誌　読む -pt1〉
　　雑誌と言えば、昨日私は図書館で読んだ
　　〈雑誌　言う　きのう　私　図書館　読む〉

〈言う〉は、日本語の「～と言えば」にあたり、〈言う〉という語が変化したものです。この〈言う〉のように、もともとの語（ここでは〈言う〉）が変化して、文法的な機能をもつものとして使われるようになることを、**文法化**（機能語化）といいます。

〈言う〉

これらの文は、さらに、強調構文にすることもできます。

　　(2')　私が図書館で雑誌を読んだのは、きのうだ。
　　　　〈私　図書館　雑誌　読む　いつ？　きのう〉
　　(3')　きのう私が雑誌を読んだのは、図書館だ。
　　　　〈きのう　私　雑誌　読む　どこ？　図書館〉
　　(4')　きのう私が図書館で読んだのは、雑誌だ。
　　　　〈きのう　私　図書館　読む　何？　雑誌〉

これらの強調構文の中には、〈いつ？〉〈どこ？〉〈何？〉といった、疑問

詞がふくまれています。そこで、このような文をWH疑問詞を含む分裂文（**WH分裂文**）と呼びます。

話題化して文頭に話題化された語が移動した場合も、WH分裂文で文末に強調された語が移動した場合も、とりたてられ、強調された名詞（〈きのう〉〈図書館〉〈雑誌〉）の後には、それがとりたてられたものであることを示す特定の頭の動きが加わります。

ここまでは文の中に主語（S）と動詞（V）が1つずつしか含まれていない文をみてきました。次に、文の中にもう1つの文が埋め込まれている場合をみてみましょう。

▶ 〈田中　鈴木　弁当　作る　食べる〉

これをSOVという文型に当てはめて、主語（S）＝「田中」「鈴木」、動詞（V）＝「作る」「食べる」と解釈すると、「田中さんと鈴木さんは弁当を作って食べた」という意味だろうと考えられます。実際にそういう意味の場合もあります。

ところが、さきほどみてきた話題化と同じ頭の動きが〈田中〉の後にあれば、〈田中〉が文の他の部分から切り離されていることになります。同様に〈作る〉の後にも切れ目を示す頭の動きがあれば、〈鈴木　弁当　作る〉という文が埋め込まれていることになります。

こうなると、この文には、

▶ [田中] [[鈴木 弁当 作る] 食べる]

という構造があることになります。文全体は、田中（S）弁当（O）食べる（V）というSOVの語順をもち、弁当（O）には〈鈴木が作った〉という修飾語がかかっていることになるのです。日本語では、「田中さんは鈴木さんが作った弁当を食べた」となります。

14. 否定
――/見ない/見えない/見たことない/まだ見てない/

　手話の否定文のつくり方をみてみましょう。
　手話の否定文でいちばん重要なのは左右の首ふりです。「6．日本手話の表情」(p.25)にあるように、肯定文、疑問文、否定文の違いはまず、非手指要素（NMs）にあらわれます。手にあらわれているものは同じでも、首ふりが付けば否定になります。
　ここでは、さまざまな手話の否定表現についてみていきましょう。

意志の否定

　まず動詞の単純な否定形のつくり方です。〈見ない〉〈行かない〉〈食べない〉は、すべて、動詞〈見る〉〈行く〉〈食べる〉に否定形の〈ない〉を付けたものですね。いずれも話し手の意志をあらわしています。
　「食べない」のは「（食糧がないから）食べられない」、「（熱が高くて食欲がないから）食べられない」のではなくて、食べる気持ちがないから「食べない」のです。この片手を横に振る〈ない〉は動詞とともに用いられ、否定形をつくります。そしてどんな動詞ともいっしょに使えます。

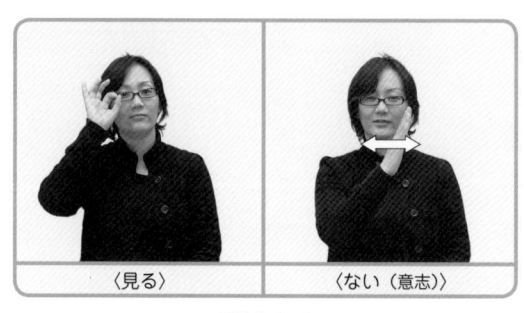

| 〈ない（意志）〉 | 〈見る〉 | 〈ない（意志）〉 |

「見ない」

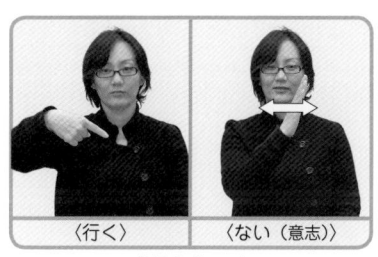

〈行く〉　〈ない（意志）〉　　　〈食べる〉　〈ない〉

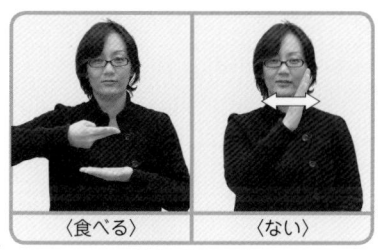

「行かない」　　　　　　　「食べない」

所有・存在の否定

〈ない〉にはもうひとつの語形があります。所有・存在の否定をあらわす両手の〈ない〉です。

両手を使った形〈ない〉は、それだけで使われると存在の否定になります。たとえば、「お店にりんごがない」「トイレにトイレットペーパーがない」などです。

薬局にトイレットペーパーを買いに行ったら、そこにもひとつもない、というようなときには、〈すべて売り切れ〉や〈ガラガラ〉を意味する手話も使われます。「教室の中に生徒がいない」「引き出しの中にハサミがない」などが存在の否定です。

〈ない（両手）〉 　　〈すべて売り切れ〉 　　〈ガラガラ〉

完了の否定（未完了）

両手を使った〈ない〉の利き手部分を、動詞のあとに助動詞のように続

けて使って、〈見ない〉〈行かない〉〈食べない〉などとあらわすことができます。この否定形は「まだ〜していない」という未完了をあらわしますので、今後する可能性はあります。

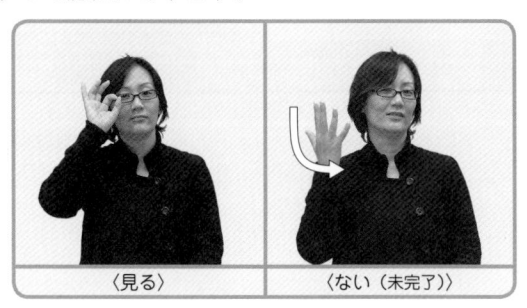

〈見る〉　〈ない（未完了）〉
「見ていない」

また、未完了の状態をあらわすのに「まだ食べていない」〈食べる＋まだ〉とあらわすことができます。

このとき、語順は〈食べる〉が先で〈まだ〉が後になることにご注意ください。同様に、「読んでいない」〈読む＋まだ〉、「行っていない」〈行く＋まだ〉とあらわすことができます。

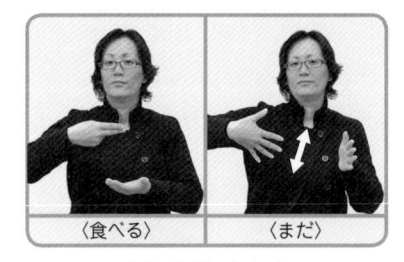

〈食べる〉　〈まだ〉
「食べていない」

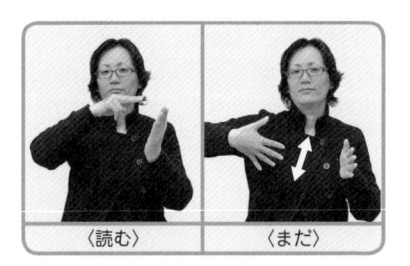

〈読む〉　〈まだ〉
「読んでいない」

不可能をあらわす否定

意志の否定ではなく、不可能をあらわす否定の例をみてみましょう。

たとえば、「食べられない」は手話では〈食べる〉と〈無理（むずかしい）〉であらわします。同様に、「着られない」〈着る＋無理〉、「読めない」〈読む＋無理〉、「寝られない」〈寝る＋無理〉などと表現します。

肯定の形「〜できる」は、それぞれ、〈着る＋できる〉〈読む＋できる〉〈寝る＋できる〉となります。

〈無理（むずかしい）〉

特別な形の否定

　いちばんよく使われる動詞が不規則変化をするというのは、どのことばでもよくみられることです。日本手話では「見えない」「聞こえない」の特別な形があります。障害物があって〈見えない〉、また「私は耳が聞こえません」というときに使う〈聞こえない〉です。

　これらの語の特徴は、否定辞を付けてつくられた形ではなく、もともとの語が否定の意味をもっているということです。〈見えない〉は目の前にある障害物をあらわすCLから、また、〈聞こえない〉は耳の位置で所有・存在の否定をあらわしたものからつくられたと考えられます。

〈見えない〉　　　　〈聞こえない〉

経験の否定

次は経験の否定です。「〜したことがない」という表現です。この場合は、〈食べる〉に〈ない〉を直接続けて「食べたことがない」という否定形をつくることはできません。[[食べる] ない] という入れ子の形にする必要があります。

〈食べる〉の後にあごが下方向に固定され、それが解除されて片手の〈ない〉が表現されます。それによって〈食べる〉という行為をしたことがないということがあらわされます。

そのような頭の動きがむずかしい初心者向けの表現としては、〈食べる＋「コト」＋ない〉〉〈食べる＋経験＋ない〉というように、〈コト〉や〈経験〉という語彙を用いる方法もあります。

必要性の否定

必要性の否定はどう表現するのでしょう。「食べる必要がない」「読む必要がない」などの形です。

これには〈必要〉という形から派生した〈必要ない（不必要）〉という語を用います。〈食べる＋不必要〉とあらわされます。

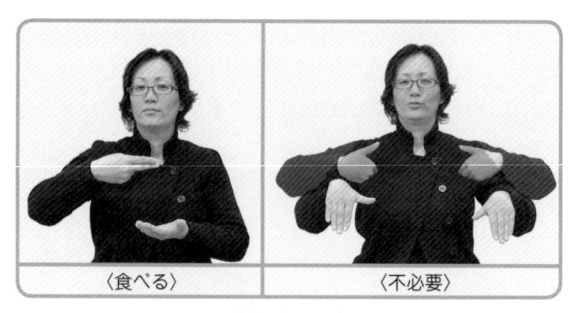

| 〈食べる〉 | 〈不必要〉 |

「食べない」

名詞が述語になっている文の否定

「私は学生ではありません」「彼は佐藤さんではありません」のような文をみてみましょう。これには〈私＋学生＋違う〉、〈彼＋佐藤＋違う〉のよ

うに、〈違う〉を使います。〈違う〉は片手でも両手でもOKですが、ふつうは片手だけで十分です。

では、「晩ごはんはカレーではありません」はどう表現するでしょうか。答えは、〈晩ごはん＋カレー＋違う〉となります。

〈違う（片手）〉

形容詞を使った文の否定

「このカレーはおいしくない」の〈おいしくない〉は、やはり、〈おいしい＋違う〉であらわすことができます。しかし、これだけだと手話の文としては落ち着きが悪く感じます。自然な手話の文としては

　　〈このカレー＋おいしい＋違う、まずい〉

のように否定形でない形のコメントが入ることが多いのです。

　　〈彼＋背が高い＋違う、低い〉

のような表現が手話ではよく使われます。「彼女はやせている」と言いたい場合はどうなると思いますか。答えは、〈彼女＋太い＋違う、細い〉です。

15. 疑問
――〈佐藤さん？〉と〈佐藤さんは？〉

　疑問文には大きく分けて2つの種類があります。1つはYESかNOかで答えるタイプのもの（**YES/NO疑問文**）、そしてもう1つは5W1H（いつ、どこで、誰が、何を、どうして、どのように）といわれるような、欠けている情報をきき出すタイプのもの（**WH疑問文**）です。

　まず、YESかNOかで答えられるタイプの疑問文を日本手話ではどのようにつくるのでしょうか？「あなたは佐藤さんですか？」のような文です。
　日本手話では出てくる語彙は〈あなた〉を意味する二人称への指差しと〈佐藤〉の2つです。〈あなた・佐藤〉だけです。
　では、どうやって「あなたは佐藤さんです」という肯定文と「あなたは佐藤さんですか？」という疑問文とを見分けるのでしょうか？　ポイントは目の見開きとあごの位置（あごひき）です。2つの手話文の文末をくらべてみてください。

〈佐藤さんです〉　　〈佐藤さんですか？〉

　明らかに違いがありますね？　この目の見開きとあごひきはYES/NO

疑問文では必ずあらわれます。また、眉上げも YES/NO 疑問文にはよくみられます。目の見開きがあれば、YES/NO 疑問文ですので、YES か NO かで答えることが求められています。

　このような目の開き方や頭の動きは、手指にあらわれるものではないので、非手指要素（NMs）と呼ばれます。音声言語における上がり調子のイントネーションと似ているかもしれません。日本語でも「お茶を飲みます↘」ではなく、「お茶を飲みます↗」と言えば、疑問文になりますよね。

　次に、YES か NO かでは答えられない疑問文をみてみましょう。
　まず日本語で、「きのう佐藤さんは仕事が休みだったので図書館でのんびり雑誌を読んだ」という文をもとに、５Ｗ１Ｈの疑問文をつくってみます。

1. いつ 佐藤さんは図書館で雑誌を読んだのですか？　When
2. きのう どこで 佐藤さんは雑誌を読んだのですか？　Where
3. きのう図書館で だれが 雑誌を読んだのですか？　Who
4. きのう佐藤さんは図書館で 何を 読んだのですか？　What
5. きのう佐藤さんは どうして 図書館で雑誌を読んだのですか？　Why
6. きのう佐藤さんは図書館で どんなふうに 本を読んだのですか？　How

日本語では疑問詞がさまざまな場所にあらわれるのがわかります。
　英語ではどうでしょうか？　英語の５Ｗ１Ｈの疑問文では、疑問詞は必ず文頭にあらわれ、YES/NO 疑問文と違って、イントネーションが文末で上がらずに下がるのが特徴です。
　日本手話の場合は、疑問詞のあらわれる場所は文末です。

1. 〈佐藤・図書館・雑誌・読んだ・ いつ ？〉
2. 〈きのう・佐藤・雑誌・読んだ・ どこ ？〉
3. 〈きのう・図書館・雑誌・読んだ・ 誰 ？〉

4.〈きのう・佐藤・図書館・読んだ・何?〉
5.〈きのう・佐藤・図書館・雑誌・読んだ・なぜ?〉
6.〈きのう・佐藤・図書館・雑誌・読んだ・方法(+何)?〉

という語順になります。

　また、WH疑問文の疑問詞は、あごを前に出して首を小刻みに横に振るという動作(NMs)をともないます。目はYES/NO疑問文同様、見開いた状態です。

　このように、手話では手指以外の要素(NMs)によって、YES/NO疑問文なのか、WH疑問文なのかを区別します。

　「佐藤さん?」(佐藤さんですか?)はYES/NOのあごひき、「佐藤さんは?」(佐藤さんはどこですか?)は首ふりという頭の動きがYES/NO疑問文とWH疑問文を区別しているのです。手話で「佐藤さんは?」ときかれたのに、「いいえ、違います」などと答えないように、ご注意ください。

「洟垂(はな)れいる？」

　ろう者は、ほとんどの人が手話ネームをもっています。ニックネームのようなものともいえますが、トーマスがトムになるように、長い名前を短く簡単にするためのものもあります。

　たとえば、赤堀は〈赤〉と〈掘る〉の２語からなりますが、手話ネームは、ほおのところで〈掘る〉を２回あらわします。動きが短く単純になります。

　佐藤さんを区別するために、「メガネの佐藤」とか、「髪の長い佐藤」のように、その人の目立つ点をひとつとらえて、それを手話ネームとして使う場合もあります。〈犬〉や〈牛〉といった日本手話の一般名詞がそれぞれ、犬の耳や、牛の角であらわされるのと同じ方法で、メトニミーと呼ばれます。

　さて、著者２人の職場である明晴学園では、よく子どもたちが職員室に先生をさがしに来ます。

　ドアのところで「洟垂れいる？」などときいています。「洟垂れ」という手話ネームの先生をさがしているのです。「洟垂れ先生」でもなく、「洟垂れ」です。

　しかし、これは失礼なことではありません。手話では目上の人を肩書きで呼ぶことは原則としてありません。式典などの特別な場合を除いて、社長でも誰でも、呼びかけに役職や敬称は使わないのがふつうです。

　「洟垂れ」＋「いる」という形にYES/NO疑問文の表情が出ていれば、手話で言っていることは「洟垂れ（という手話ネームの）先生、いますか？」という意味となり、別に失礼ではなく、まったく問題はないのです。

16. 受け身
――先生に叱られた

「太郎は花子が好きだ」と「花子は太郎に好かれている」は同じひとつの客観的事実をあらわしています。好きな主体「太郎」に視点をおいて述べれば能動文、好かれている「花子」に視点をおいて述べれば受け身文ができます。
　受け身文は手話ではどのようにあらわされるでしょうか？
　日本手話の場合、受け身文の主語になれるのは人間だけで、モノを主語にした受け身文はありません。
　まず、〈好き（好いている）〉という、人称の一致で形が変化しない動詞（不一致動詞）の例をみてみましょう。日本語では「好きだ」は動詞ではありませんが、手話では英語の like と同じように動詞として扱います。

▶ (1)彼　私　好き-pt3　「彼は私が好きだ」
　(2)彼　私　好き-pt1　「私は彼に好かれている」

　(1)はふつうの能動文です。主語の〈彼〉と文末の指差し pt3 が一致していて、動詞の前にある２つの人を指す名詞（代名詞）は順番に主語、目的語と理解されます。したがって、「彼は私が好きだ」という文になります。
　(2)は同じ順番で語が並んでいますが、文末の指差しが主語の位置にある〈彼〉ではなく、〈私〉に一致しています。このことから、文の主語は〈私〉となりますが、〈好き（好いている）〉の主体は〈彼〉で、〈私〉は目的語（客体）となります。それで、文の意味は「私は彼に好かれている」となるのです。
　(2)は、事実関係としては(1)の「彼は私が好きだ」と同じことをいってい

ます。同じ事実を(1)は能動文、(2)は受け身文で表現しているのです。これは、主語と目的語を入れかえる、英語の受け身のつくり方と同じです。

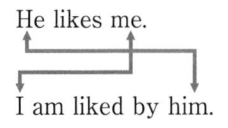

He likes me.
I am liked by him.

これと同じことが、〈私〉を含まない、〈彼〉と〈彼女〉の関係についてもいえます。

▶(3)彼　彼女　好き-pt3（彼）　「彼は彼女が好きだ」
▶(4)彼　彼女　好き-pt3（彼女）　「彼女は彼に好かれている」

　次に一致動詞を見てみましょう。一致動詞の場合は、その行為の対象（能動文の目的語＝受け身文の主語）に向かって動詞の動きが一致します。
　たとえば、〈言った〉と〈言われた〉は動詞があらわされる方向が逆になります。〈言った〉は口元から握ったグーの手型が前方に向かって開いていく形、〈言われた〉は前方から閉じた手型が自分の方に向かって開いてくる形になります（p.55参照）。

(5)〈私が怒られる〉 　(6)〈彼女が怒られる〉 　(7)〈私が先生から怒られる〉 　(8)〈先生が私を怒る〉

　ここで、(7)〈私が先生から怒られる〉と(8)〈先生が私を怒る〉という文をくらべてみてください。一人称の目的語は話者の身体の位置にありますので、動詞の形式は(7)と(8)では同じです。

〈怒られる〉という受け身の形として、(7)を紹介しました。しかし、見方を変えれば、これは手話の一致動詞〈怒る〉が主語〈先生〉に一致している、つまり、主語を〈先生〉にした能動文と同じ形をしていることがわかります。

では、一致動詞では受け身文はつくれないのでしょうか。いいえ。そんなことはありません。つくり方は不一致動詞と同じです。つまり文末の指差しです。

(9)「私が先生から怒られる」 私 先生 怒る-pt1
(10)「先生が私を怒る」 先生 pt3 私 怒る-pt3

〈私〉と一致する(9)の指差しは、「私が先生から怒られる」こと、つまり私に視点がある受け身文になることを示しています。

さらに、「私は彼に自転車を壊された」というような間接受動文もあります。自動詞、他動詞の説明(p.51)でも出てきましたが、区別はやはり文末の指差しでしたね。

(11)「私は彼に自転車を壊された」 私 自転車 壊す 彼-pt3

となり、文末の指差しで自転車を壊した主体が彼であることが示されます。

17. 使役
―― 後輩に弁当を作らせるには

　後輩に弁当を作らせたとき、日本語では「私は後輩に弁当を作らせた」となり、「－せる、－させる」という助動詞を動詞の後に付けます。受け身の場合に「－れる、－られる」が付くのと同じつくり方です。しかし、日本手話の受け身と使役のつくり方はまったく違います。

　日本手話では、

▶(1)　私　後輩　pt3　弁当　作る▲　わかる▼　弁当　作る-終わる-pt3 [i]
　　　　　　　　　　　　　　▲…アゴ上げ（命令）　▼…うなずき（下）

とあらわされます。▲は命令文をつくるあご上げ、▼はうなずきをあらわします。逐語的に直訳すると「私は後輩に『弁当を作れ』（と言い）、『わかった』と彼は弁当を作った」となります。

　しかし、これは会話の引用ではありません。「弁当を作れ」「わかった」といった実際のやりとりがあったわけではないのです。あくまでも使役をつくるための構文であり、日本語の「私は後輩に弁当を作らせた」と同じ意味となります。

　また、後輩の後にある指差し（pt3）と文末にある弁当を作った人に対する指差し（pt3）が一致していることから、弁当を作ったのが後輩であることが示されます。

　〈わかる〉の位置に入ることができるのは〈わかる〉〈かまわない〉〈OK〉といった極めて限定された語だけです。この場合、もともとの意

---

[i] 市田（2005）『月刊言語』2005年11月号「手話の言語学」第11回 p.91

味から離れ、使役をあらわす語として文法化しているので「わかる」「かまわない」などと訳さないように注意してください。

　手話の使役は、〈A わかる B〉という構文をとります。〈わかる〉の部分に依頼の表現である〈かまわない〉が入れば、「私は後輩に弁当を作ってもらった」という意味になります。

▶(2)　私　後輩　pt3　弁当　作る　かまわない▲　かまわない▼
　　　弁当　作る‐終わる‐pt3

　また、〈わかる〉の部分に〈OK〉が入ると、作らされる側が積極的であることが示され、無理に命令してやらせるという使役の意味が弱まります。

▶(3)　私　後輩　pt3　弁当　作る▲　OK▼　弁当　作る‐終わる‐pt3

18. 条件
──〈雨が降ったら渋滞する〉と〈雨が降ったから渋滞した〉

　「雨が降ったら渋滞する」という条件文は、手話ではどうあらわすのでしょうか。
　「もし雨が降ったなら」という条件節は、眉上げで始まり、かつ主節「渋滞する」に入る前に間（固定）が入ってそれが解除されて、主節「渋滞する」につながります。
　他方、「雨が降ったから渋滞した」というような、原因と結果、あるいは時間の経過を反映した順接の文では、眉は特別な形はとらず、従属節「雨が降ったから」と主節「渋滞した」の間に遅れた大きなうなずきが入ります。

▶ (1) 雨が降ったら渋滞する。
　　　〈 雨 ↴▲　渋滞 　〉
▶ (2) 雨が降ったから渋滞した。
　　　〈 雨 ＿△　渋滞 　〉

↴▲…固定＋解除（条件）
＿△…遅れたうなずき（順接）

〈雨〉　　　　　〈渋滞〉

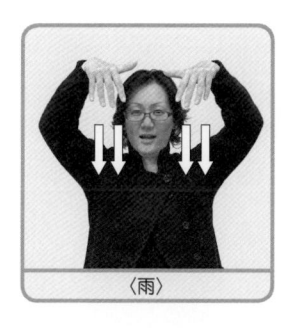

同様の例を、以下にあげておきましょう。

▶ (3)「晴れたら遠足に行く」
　　　〈晴れ⤴▲　遠足〉
▶ (4)「晴れたので遠足に行った」
　　　〈晴れ＿△　遠足〉
▶ (5)「安かったら買う」
　　　〈安い⤴▲　買う〉
▶ (6)「安かったから買った」
　　　〈安い＿△　買う〉

　(1)(2)の例では手指であらわされる語彙は〈雨〉〈渋滞〉、(3)(4)では〈晴れ〉〈遠足〉、(5)(6)では〈安い〉〈買う〉の、それぞれ2つだけです。うなずきだけで条件節か単なる順接かを見分けるのは、ネイティブではない人にとって容易なことではありません。
　学習者が非手指要素（NMs）だけであらわすのが困難な場合、条件節の中に〈もし〉という条件をあらわす語彙を用いることも可能です。

▶〈もし　雨⤴▲　渋滞〉

　〈もし〉という語彙を使ったとしても、節の切れ目をあらわすうなずきは必要です。
　また、「もし晴れていたら渋滞しなかった」「もし雨だったら遠足に行かなかった」や「もし鳥だったら空を飛べるのに」というような反事実条件文では、条件節で固定されるあごの位置がふつうの条件節とは違います。

　これまで、手話には従属節がないという誤解がありました。条件文も、順接の文も手指であらわされる部分が同じで、それ以外に節をあらわす要素がないと思われてきたことが原因でしょう。これは、うなずきのような非手指要素（NMs）が重要な文法的要素を示すことが見過ごされてきたからだといえます。

19. テンスとアスペクト
―― 昔むかしの話と、今している最中の話

　日本手話における時制（**テンス**）は、自分の体の位置が現在、背中側が過去、体が向いている前方が未来になります。

　肩の位置から前方に手首を向けて、人差し指１本を前に出せば〈明日〉、肩の位置で手首を後方に向けて人差し指１本を後ろに出せば〈きのう〉を意味します。チョキの形（数字の２）で同じことをすると、〈あさって〉と〈おととい〉になります。５指全部を閉じた形で同じことをすると、〈未来〉と〈過去〉になります。

　このような時をあらわす語を含んだ文をつくれば、動詞を語形変化させなくても、過去や未来の文をつくることができます。したがって、日本手話ではテンス（時制）をあらわすための語形変化はありません。前に出す手の動きが小さければ近未来、大きければ遠い将来ということになります。

　「昔むかし、あるところに…」と始まるような昔話では、片手のみならず、両手を使って遠い過去であることをあらわします。

| 〈現在〉 | 〈未来〉 | 〈過去〉 | 〈昔むかし〉 |

　「きのう私はカレーを食べた」という手話文の場合には、〈きのう〉という副詞があれば、動詞は語形変化しません。

未来のできごとをあらわす場合には、〈来る〉という動詞が助動詞化した形を使って、「台風の後は晴れるでしょう」「そんなにお菓子を食べたら太るよ」というような文をあらわすことができます。

〈来る〉

▶〈台風△　晴れる　来る〉
▶〈お菓子　食べる△　太る　来る〉　　　　　　　　△ …間

　次は**アスペクト**についてです。
　テンスとアスペクトは似ているのですが、テンスができごとなどがおこった「時点」（時間的前後関係）をあらわすのに対して、アスペクトはできごとなどの「局面」（開始、中間、終了など）をあらわします。「食べ始める」「食べているところだ」「食べ終わった」などです。
　日本手話のアスペクトのあらわし方には、同じアスペクトに対していくつかの方法があるとみられています。その多くは特定の非手指要素（NMs）と手指の動きの違いであらわされるので、学習者には判別が容易ではありません。その中で初心者にもわかりやすい例として、語彙として手指にあらわれるものをご説明しましょう。

　ひとつは完了している動作です。これには完了をあらわす〈終わる〉という語彙が文法化した形式を用います。「私はもう朝ごはんを食べた」のような文で「食べ終わっている」こと、つまり動作の完了をあらわしたい

場合です。

　動作の完了は、〈終わる〉という動詞が接辞化した形式を使って〈食べる−終わる〉とあらわします。接辞化した〈終わる〉は通常「パ」という口型（口の動き）とともにあらわされます (p.90参照)。

　次は、日本語でいうと「〜している」というような継続の状態です。日本手話では〈食べる＋中〉というように、日本語から借用した漢字の「中」を接辞として用います。
　この接辞の〈中〉を用いて継続をあらわせる動詞と、〈中〉を使えない動詞があります。日本語で「〜ている」が結果状態になる動詞があるのと同じです。たとえば「知っている」は「今知識を獲得中」というわけではなく、そんなことはすでに知っているという状態のことですよね。ですから、〈知る＋中〉とはなりません。

〈食べる〉　　　〈中〉

「食べている」

　結果状態をあらわす形式としては、完了の接辞〈終わる〉を使うこともできます。
　たとえば、「結婚している」は手話では〈結婚＋中〉ではなく、〈結婚＋終わる（パ）〉であらわされます。〈結婚＋中〉は、今まさに結婚式の真っ最中という状態をあらわすこともできますが、一般的な解釈は、「2度も離婚しているのに、今は3度目の結婚が続いている」というような特殊な状態をあらわします。

ろう学校は手話で教えない、ろう学校で手話は教えない

　意外と知られていない事実があります。

　日本のほとんどのろう学校は、手話で授業をおこなっていません。耳が聞こえない子どもに対して、声で授業をしているのです。子どもたちが先生の言っていることを理解するためには、読話（口の動きから意味を読みとること）をしなくてはなりません。

　ろう児に対する教育は口話（音声）でおこなわれるべきである、という決議が、1880年にミラノで開かれた第2回世界ろう教育会議で採択されました。それ以降、ろう教育は手話を用いない、口話主義になりました。

　日本では、1933年の全国聾学校校長会議における鳩山一郎文部大臣による訓示以降、口話法（および聴覚を活用した聴覚口話法）によるろう教育がおこなわれてきています。

　2010年7月にバンクーバーでおこなわれた第21回世界ろう教育会議では、手話を拒否したミラノ会議の決議がくつがえされ、国際的にろう教育における手話の復権の流れが明確になりました。

　しかし、日本では2011年初の時点で目に見える変化はおきていません。ろう学校のカリキュラムに、国語とは別に手話を入れようという動きもありません。

　小学校のカリキュラムに英語活動が導入されるというのに、ろう学校ではまだ、ろう児にとっていちばん大切な言語である手話が、独立した教科として教えられていないのです。

III
日本手話らしい表現

20. 代名詞に男女の別
―― 彼と彼女

　日本手話では普通名詞の「男」を親指で、「女」を小指であらわします。日本ではジェスチャーとして小指を立てた形を「女」として使いますので、日本人にはなじみのある手型でしょう。日本人であれば、容易に想像がつく共有されたジェスチャーとしては、ほかに、「お金」をあらわす親指と人差し指で○をつくった形もあります。

| 〈男〉 | 〈女〉 | 〈お金〉 |

　〈男〉〈女〉は代名詞として〈彼〉〈彼女〉をあらわします。また、〈男〉はほかの名詞とともに複合名詞もつくります。たとえば、〈医者〉〈作家〉などです。これらは、〈男〉を含む語ですが、男性の医者だけでなく、女医や女流作家も含めた医者、作家をあらわすことができます。あえて〈女医〉〈女流作家〉と言いたい場合には、別の形を用います。
　日本語の場合も、女性の医者をあらわす場合には女医、女性の作家をあらわす場合には女流作家ということばがありますが、逆に男医、男流作家とは言いませんね。全体を総称する際に使える形（医者、作家）は**無標の形**、特別の意味が加わって目立つ形になっているものを**有標の形**といいます。〈女医〉〈女流作家〉は有標の形です。

〈医者〉　〈医者（女）〉　〈教師〉　〈教師（女）〉

　上の〈医者〉〈教師〉がもっとも無標な形です。会社や組織の長の場合は、〈男〉を用いた形が無標となります。
　「子どもが宿題を忘れて担任の先生に叱られた」という文の場合、担任の先生の性別はすでにわかっているので、〈先生＋男〉か〈先生＋女〉が使い分けられます。「子ども」も「叱られる」の目的語の部分には代名詞が用いられ、そこではふつう男女の性別で使い分けられます。

　　　子ども　宿題　忘れる　先生（＋男／女）　叱る-pt3

　「佐藤選手が大会に参加した」「イタリアの歌手が来日した」というような文の場合、日本手話では最初に出てくるときは一般的な無標の男性形を使ったとしても、それを受けて代名詞化した場合には性別が必要になります。日本手話では2回目以降に登場する際には基本的に代名詞を用いますので、性別がわからないと苦しいことになります。そこで通訳場面などでは確認している様子が見られることがあります。
　〈イタリアの歌手（男）〉とあらわしておいて、次に「ラ・ボエームのミミが当たり役」などのような場合、初めに〈歌手＋男〉と表現したのに、その歌手を受ける代名詞が女性だと、あれ、本当はどっちなんだろうと一瞬迷ってしまいます。
　日本手話は日本語にくらべて、人間の性別に敏感です。いろいろな国の手話の中でも、代名詞で男性と女性を分ける例はめずらしいようです。

21. 手段を含む動詞
——日本人は箸で食べるんだなぁ

　日本手話では〈食べる〉を箸で食事をしている動作であらわします。では、パンを食べる場合も、カレーを食べる場合も、箸で食事をする動作で表現するのでしょうか？

〈食べる〉	〈(パンを) 食べる〉	〈(カレーを) 食べる〉

　さすがにそんなことはありません。パンもカレーも箸を使っては食べないので、箸を使って食べる語形を使えば、CL の間違いになります。
　〈食べる〉＝箸を使って食べる形だというのは、「食べる」こと一般を言う場合です。〈(パンを) 食べる〉〈(カレーを) 食べる〉は、それぞれ別の語形があります。日本手話の〈食べる〉という動詞はその中にすでに手段（箸）を含んでいることになります。
　外国の手話を話す人に対して、「お昼ごはん、食べに行く？」ときくような場合、日本手話の〈食べる〉という動詞を使うと、それは相手にとっては「箸を使って食べる」ことを意味します。

　ヨーロッパのいろいろな国々の手話話者が交流していく中で自然に生まれてきた、国際手話と呼ばれる手話があります。国際手話では、「食べ

る」は手で食物を口に運ぶ動作であらわされます。それがどの国においてももっとも共通の、「食べる」動作の本質をあらわしているからでしょう。「食べる」ことの中心にあるのは食物を口に運んで咀嚼し、自らの栄養とすることです。

世界中には箸を使う人も、スプーンやナイフ、フォークを使う人もいるでしょう。それぞれの国の手話では、国ごとの文化、食べる手段や作法の違いを反映した異なる手話の語彙があるのです。

日本手話の動詞の中には、手段がすでにおり込みずみのものがたくさんあります。

「きのう大阪に行った」という場合、〈行く〉という動詞を使うこともできますが、多くの場合〈新幹線で行った〉〈車で行った〉〈飛行機で行った〉など、移動手段を含む動詞が用いられます。

| 〈新幹線で行く〉 | 〈車で行く〉 | 〈飛行機で行く〉 |

これらの動詞は、〈行く〉という動詞の形の中に手段が含まれてしまっているので、わざわざ「新幹線で行った」と訳す必要のない場合も多いのです。

「私はミルクを温めて飲んだ」という場合、日本語ではどういう手段で温めたのかは示されません。ところが、手話では〈温める〉という動詞をあらわすためにその手段が明示されなくてはなりません。電子レンジで温めた場合と、火にかけて温めた場合では手話表現が異なるからです。

〈レンジで温める〉　〈火にかけて温める〉

　裁判で「あなたは彼を暴行したのか」という質問があった場合、通常もっとも一般的な〈暴行〉(両手で相手をなぐる動作)という語を用いてきけば、「手でなぐってはいない、足でけった」として、NO と答えるろう者もいるかもしれません。

　同様に、〈殺す〉も〈刺す〉という動作を含んでいますので、首を絞めたり、毒を盛ったり、溺死させたりした場合には「あなたは彼を殺した〈刺し殺した〉のか」という問いに対して否認する可能性もあります。すべての手段をきくわけにはいきませんし、もし殺していたとしてその手段が明らかでなければ、結局きき逃してしまうかもしれません。

　裁判での通訳などでは文字どおりに通訳し、足しても引いてもいけないことになっていますから、この「手話の動詞は手段を含んでいる場合が多い」という特徴をよく理解したうえで、あらかじめ裁判官と相談しておくとよいそうです。〈殺す〉という動詞を使わずに、「…により死亡に至らしめた」という文できくことも可能なわけですが、それがろう者にわかる手話できちんとあらわされていることが大事です[i]。

　動詞が手段を含むものがたくさんある、というのが手話の特徴なのです。そして、それは言語としての手話の特徴であり、日本語との違いではありますが、それをもって言語の優劣を論じられるものではありません。

---

[i] 田門浩監修(2008)『手話と法律・裁判ハンドブック』(生活書院) p.100

22. 日本手話の口型
—— パ・ピ・プ・ペ・ポ、その他

　日本手話を話す人たちは声は出しませんが、口は動かします。唇の開き方や合わせ方、舌の位置などの口型は手話という言語にとって重要な構成要素のひとつです。
　口型には大きく分けて2つの種類があります。1つは日本語の発音にともなう口型を使ったもの（マウジング）で、もう1つは日本手話独特のものです（マウス・ジェスチャー）。

　日本語の発音にともなう口型は、手話における同音異義語を区別する際に便利です。
　たとえば、手話単語の〈学校〉と〈勉強〉、〈先生〉と〈教育〉は語の形は同じなので、「ガッコー」「ベンキョー」のように口型を付けて区別することがあります。
　日本語も同音異義語が多いといわれますが、科学と化学、市立と私立など、同じような場面で現れる語を区別するために、化学のほうを「バケガク」、私立のほうを「ワタクシリツ」と発音したりしますね。それと同じようなことです。

　手話特有の口型にはどのようなものがあるのでしょうか。
　完了のアスペクトには〈終わる〉という手話とともに〈パ〉という口型が付くことは、すでにふれました（p.81）。

〈終わり（パ）〉

〈ピ〉という口型は不満をあらわすときや、数が少ないとき、「なあんだ」とそれまで気づかずにいたことに気づいたときなどに使われます。

〈不満（ピ）〉　〈数が少ない（ピ）〉　〈なあんだ（ピ）〉

〈プ〉は〈不必要〉、〈消える〉、かみ合わないコミュニケーションなどをあらわす語とともに使われます。

〈不必要（プ）〉　〈消える（プ）〉　〈コミュニケーションのズレ（プ）〉

〈ペ〉は大したことがない、あるいは「〜じゃない？」と言うときの〈違う〉という語とともに用いられます。

〈大したことない（ペ）〉　〈〜じゃない？（ペ）〉

〈ポ〉は、典型的には、理由をきく疑問文とともに使われます。また、〈ついでに〉という語といっしょに使うこともあります。

〈理由をきく（ポ）〉　〈ついでに（ポ）〉

以上、パ、ピ、プ、ペ、ポの口型をともなってあらわされる手話独自の語の例を紹介しました[i]。それ以外にも手話独特の口型があります。それらは、非手指副詞として、動詞や形容詞の意味を変化させます。

よく聴者に誤解される口型として、次ページの左側の写真のような口をとがらせた口型があります。

〈いい〉　　　　　　　〈いいですよ〉

　聴者にとって口をとがらせた表情は不満をあらわすことが多いのですが、手話では逆に問題がないことを意味します。ですから、〈かまわない〉といっしょにこの口型が使われると、「まったく差し支えない、いいですよ」という意味になるのですが、「(いやいやながら) いいと言っている」というふうに誤解されてしまうことがあります。
　このような副詞的な非手指要素の例としては、ほかに、口を真一文字に結んだ〈一生懸命に〉、あるいはその逆に〈いい加減〉なときに使われる口型などがあります。

〈一生懸命に (mm)〉　　　　　〈いい加減に (th)〉

　〈彼は一生懸命に勉強した〉と〈彼はいい加減に勉強した〉という文では、手であらわされる単語は〈彼〉と〈勉強〉だけですが、非手指副詞の口型が〈一生懸命〉と〈いい加減〉を区別しています。

---
[i] ほかの例は坂田・矢野・米内山 (2008)『驚きの手話「パ」「ポ」翻訳』(p.7) をご覧ください。

23. 文末のコメント
―― 手話の「～ですよね」と「～なんです」

　会話を進めていくうえで、どうしても使いたくなるのが、相手の共感、同意を求める表現です。「今日は寒いですね」、「この本はおもしろいね」などと言うときの「ね」にあたることばです。それを手話ではどうあらわすのでしょうか？

　手話ネイティブではなく、学習者や手話の習熟度の低い話者の話す手話では、指文字の「ネ」が文末に用いられることがよくあります。でも、これはネイティブから見ると、非常に不自然な表現です。

　指文字を使わずに相手の共感を求める表現としては、まさに相手の同意を求める〈同じ〉という語を使って、「そうそう、そのとおりですね」のようにあらわすことができます。

〈そうそう〉

　この表現は英語の You know やフランス語の N'est-ce pas? 同様、変化させる必要がないので、使い勝手がよく、多用されがちです。しかし、ネイティブたちは、この〈そうそう〉だけでなく、はるかに多様な表現を用いて同意を求めたり、新たな情報を提供したりしています。それは基本的にあごの位置や頭の位置といった非手指要素（NMs）によるものです。

　日本手話ネイティブにとって、あごが前に出ている場合には、「相手の側に一歩踏み込む」というイメージ、あごを後ろに引くようにすると「相手から遠ざかる」イメージがあります。したがって「そうだよね」というときのあごは前に出ています。

　しかし、このような非手指要素（NMs）を自分で自由に表現できるよ

うになるのは学習者にとってはむずかしいことです。ですから、ここでは手指を使って相手への共感をあらわす方法をみていきましょう。

　手話表現の中には、次のように、文末に話者の主観的なコメントをあらわす形容詞が入る場所があります。

　▶〈この本　おもしろい◆　いい 〉　　　　　　　　◆…文末コメントの前

　この文の日本語訳は「この本はおもしろくていいですよ」ではありません。文末の〈いい〉は、この本に対する話者の肯定的な評価をあらわしていて、日本語に訳す必要はないのです。「この本はおもしろいですよ」で十分です。

　もう少し複雑な例文をみてみましょう[i]。

　▶(1)　私▼　将来　遠足　ある■　楽しみにする■（発見）◆　雨◆
　　　飽きる
　▶(2)　将来　遠足■　私　しない■　（発見）◆　雨◆　ほっとする

　　　　　　　　　　　　　　　　　　　　　▼…うなずき（下）　■…発見

(1)は「今度遠足があると思って楽しみにしていたのに、雨に降られてしまったんです」、(2)は「気が進まなかった遠足の日に雨が降ってくれたんです」という意味です。

　文の構造として、文末に雨に対する評価をあらわす形容詞（手話の〈飽きる〉〈ほっとする〉は形容詞）が入る位置があります。ここに入ることができるのは、評価をあらわす形容詞です。ほかには〈しまった〉〈おどろいた〉〈不満〉などがありますが、その種類は限られています。

　この文末に入る形容詞は話し手の主観をあらわすもので、**モダリティ**[ii]に係わる表現だということができるでしょう。

---

[i] 例文は市田（2005）『月刊言語』2005年11月号 p.95から
[ii] 手話の説明の中で出てくる「モダリティ」には2つの意味があります。
　1つはここで使われている「文が指す内容に対する話し手の判断や心的態度」をあらわす表現（よ、ねなど）で、もう1つは「視覚、聴覚、触覚など外界を知覚する手段」としてのモダリティです。音声言語は聴覚・音声、手話言語は視覚・動作と使う道具立てが違うので、「モダリティ（言語として用いる手段）が違う」といいます。

24. 日本手話の慣用表現
――〈目が安い〉

　日本手話の慣用句としておそらくいちばん有名なのは、〈目が安い〉でしょう。日本語には「目が高い」という言い方はありますが、「目が安い」とは言いません。ろう者が〈目が安い〉という表現を使うと、間違っているなどと指摘する人もいるようです。ところが、日本手話の〈目が安い〉はりっぱな〈目が高い〉の反対語です。

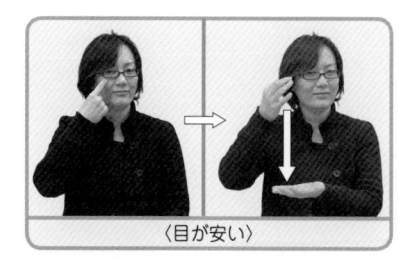

〈目が高い〉　　　　　　　〈目が安い〉

　日本手話における〈目が高い〉は、まずは視覚による認知力が高いということを意味します。たとえば、落としたコンタクトレンズをすぐに見つけられるような能力です。これは日本語にあるような「鑑識眼がするどい」というような意味も含みますが、もっと使用範囲の広い表現です。髪型を変えたらすぐに気がつく、といった能力で、そうでない場合は〈目が安い〉と言います。

　〈～が高い／安い〉の組み合わせは、ほかの感覚をあらわす器官にも使えます。
　たとえば、〈鼻＋高い〉と言えば、嗅覚がするどい人のことです。外国人のように鼻が物理的に高い場合はCL表現を使い、「自慢だ」という意

味の場合は〈得意〉という別の手話表現を使います。〈鼻＋安い〉とはあまり言わず、鼻が詰まっていてあまり利かないような場合には〈鼻＋壊れる〉と言います。

〈安い／高い／壊れる〉の3つがそろっているものに〈舌〉があります。〈舌＋高い〉は味覚が優れていること、〈舌＋安い〉は味音痴のこと、そして〈舌＋壊れる〉は辛すぎるものを食べて味が一時的にわからなくなっているような状態を指します。

〈頭＋壊れる〉は「間違う」「頭が回転しない」「非常に疲れている」ことを意味します。

オトウの中間の口型付きで〈腹＋痛む〉と表現し、「金額が高い」ことを意味するという慣用句もあります。「家を買ったら本当にお金がかかった」などというときに使います。

〈頭が壊れる〉　　　　　〈腹が痛む〉

日本手話で〈悪いけ(れ)ど〉とあらわされる慣用表現があります。これは、日本語で「悪いけれど、先に帰ります」などと使う、謝罪に代わる表現ではありません。

手話の〈悪いけ(れ)ど〉は、これから述べる内容が否定的な内容である場合に、その導入として用いられます。「悪いけれど、彼のお父さんは亡くなった」「悪いけれど、彼女は今いろいろ苦労しているらしい」というように。日本語で言えば、「残念なことに」「残念ながら」が近い表現でしょう。

25. RSとは
──ロールシフトまたはレファレンシャルシフト

　RSは、CLとともに、手話を学ぶうえでもっとも重要な用語のひとつです。**ロールシフト**、もしくは**レファレンシャルシフト**（role shift, referential shift）の訳語で、日本語にすると役割対象明示標識あるいは指示対象明示標識とでもなるでしょうか。ちょっとわかりにくいですね。
　つまり、手話の話者が「1人で何人もの話し手の役割を担う表現」を指します。
　自然な手話において、日常的に頻繁に用いられる表現です。過去の自分の話をするとき（きのうの自分でも、子どものころの自分でも）には、過去の自分にRSし、また飼っているペットの話をするときには、そのペットにRSして、自分がその行動の主体であるかのように表現します。これを**行動型RS**といいます。
　似て非なるものですが、日本語の場合には、落語を思い浮かべるとよいでしょう。はっつぁんとくまさんの会話にご隠居さんが加わるというようなとき、落語家は1人3役をこなすわけですが、それには体の向きを変えたり、声の調子を変えたりして誰が話しているのかはっきりわかるようにしますね。
　手話のRSの場合には体の向き自体にはあまり変化はおきません。むしろ、視線が上向きか下向きかといった微妙な違いで誰が誰に話しているのかが示されます。

　RSにはもうひとつ**引用型RS**と呼ばれるものがあります。これは日本語の「直接引用」と似ています。「朝ごはんいらないの？」「いらないよ」というような会話がそのまま引用される場合です。

ただ、手話ではそのような会話が実際におこなわれたのでない場合でも、この引用型 RS を用いてあらわされる構文があります。使役のつくり方で出てきた例文を思い出してみてください（p.75）。

　　(1)　私　後輩　pt3　弁当　作る▲　わかる▼　弁当　作る-終わる-pt3
　　　　　　　　　　　　　　　　　▲…アゴ上げ（命令）　▼…うなずき（下）

　これは、必ずしも私が後輩に「弁当を作れ」と言ったわけでも、また後輩が「はい、わかりました」と言ったわけでもなく、「私は後輩に弁当を作らせた」という意味でしたね。
　似たような例文として次をみてみましょう。

　▶(2)　先輩　rs引用　"バレー、どう？"、rs引用"私、かまわない"、
　　　　私バレー　入った

　一見すると、先輩が「バレー部（に入ったら）、どう？」と言い、私が「いいですよ」と言ったという会話の直接引用のように感じます。しかしこれは、日本語に訳せば「先輩に誘われて、バレー部に（私は）入った」ということです。
　「先輩に、バレー部はどう、と言われて、いいですよと私は答えて入った」と訳すのは、構文がとらえられていない稚拙な訳ということになります。

　このように、RS は文法化して手話らしい構文をつくります。
　RS に入る場所と RS から出る場所は視線で示されるわけですが、学習者には見極めがなかなかむずかしいものです。学習者が語りの主語を見失い、話の筋が追えなくなるのは、RS を見落としている場合が多いのです。RS がしっかり見てとれるようになれば、手話の理解力はぐんと高まります。CL 同様、自分で自由に使えるようになるのは大変むずかしいのですが、できるようになれば、手話らしい語りが可能になります。RS はそれだけ、手話らしい表現だということができます。

26. 日本手話の敬語
──「名前は?」と「お名前は何とおっしゃいますか?」

　日本手話には敬語がないといわれることがありますが、本当にそうでしょうか。
　日本手話には日本語にあるような、「食べる」を、「召し上がる」「食う」というような語彙的な変化はないかもしれません。「出席する」を「出席される」というように助動詞を付けて動詞の形を変えて敬語にするというような方法も用いられません。しかし、だからといって敬語がないということにはなりません。

　英語をはじめ、ほかの外国語にも敬語に相当するものはあります。日本語とは表現方法が異なっているだけです。英語などの外国語では、(1)発音、(2)イントネーション、(3)顔の表情、(4)態度、(5)話の進め方などで敬意を表現することが多いのです。
　じつは、手話も同じような方法をとります。手話の敬意表現は日本語のように文法化されたものではありません。目上の人や初対面の人、親しくない人には、ゆっくり話したり、ていねいな言い方を選んだりするなどの方法をとります。上の外国語の5つの敬意表現の方法に当てはめてみると、

　　(1)　手の動かし方をていねいに、
　　(2)　手話の速度をゆっくり、
　　(3)　あごや上体を控えめに、
　　(4)　胸を張らず謙虚に、
　　(5)　話し方や話の進め方を相手を尊重して、

などの形で敬意を表現するのです[i]。

　しかし、手話の語彙の中にも、敬語としての形式をもっているものもあります。たとえば、〈行く〉の中にも人差し指を下向きにして前方に払うようにする形式と、人差し指を立てて手の甲が相手側に向くようにして前方に移動する形式があります。これは人差し指が立っている形のほうがていねいな形です。

〈行く1〉　　　〈行く2〉

　〈両陛下〉あるいは〈首相〉などは、表出される位置が高いところにあります。これは、語彙の形式の中に敬意が含まれていると考えることもできます。
　手話の文法の中で空間上の位置には重要な意味があります。手話は空間利用によって敬意をあらわす敬語のシステムをもっているということもできるでしょう。

〈両陛下〉

あごや眉の動きという手にあらわれない要素（NMs）が敬意表現に用いられることもあります。たとえば、「名前＋何？」という手話であっても、以下のようなバリエーションがあります。

▶ (1) あごを上げ、眉を下げる→「名前は？」 年下や格下に対して
▶ (2) 眉上げ、肩をややすぼめる→「お名前は何とおっしゃいますか？」 年上に対して
▶ (3) 眉上げ→「お名前は何ですか？」 もっとも一般的な疑問文
▶ (4) 眉下げ→「お名前は何でしたっけ？」 名前を失念した人に対して

(2)が敬意表現で、(3)が中立的な表現です。敬意をあらわすべき人に対して(1)の表現をしてしまったら、大変失礼なことになりますね。

学習者は気づかないうちに、手話として文法的な意味のある表情や敬意の高低に関係する表情をしてしまう可能性がありますので、要注意です。手話の敬意表現についてさらに知りたい方は、下のリンクをご覧ください[ii]。

---

[i] 木村晴美メルマガ『ろう者の言語・文化・教育を考える』（2008年10月13日）http://deaf.cocolog-nifty.com/culture/2008/11/no114-5751.html
[ii] http://homepage3.nifty.com/rehab-siob/sotsuken/14/1416keii.pdf
岡部晴子、前原明日香、増田涼子（2005）『日本手話における敬意表現について―NMSを中心に―』国立身体障害者リハビリテーションセンター学院手話通訳学科第14期生卒業研究発表会予稿集

27. 日本手話の男女差と年齢差
——〈トイレ〉と〈お手洗い〉

　最近、「日本語の男女の差が少なくなってきた」「女子高生の日本語は男子よりも乱暴だ」などといわれることがあります。逆にいうと、これまでの日本語は話者が男性か女性かによってはっきりした違いがあったということです。文学作品などを読むと、「…と誰それが言った」と書かれていなくても、言葉づかいから登場人物の性別や年齢がすぐにわかります。

　そのような男女の別や年齢による違いが日本手話にもあります。そして男女の差は日本語同様少なくなる傾向にあります。
　たとえば、〈トイレ（小用）〉という手話があります。

〈トイレ（小用）〉

　これは、以前は男性が小用を足す様子をあらわしているとして、男性しか使わない語形でした。ところが、近年はWCの文字をあらわしたものだと再解釈されるようになり、30代以下の年齢層では、男女を問わず〈トイレ〉をあらわす手話として用いられるようになっています。他方、40代、あるいはそれ以上の年齢層の女性では、現在でも〈お手洗い〉という手話をよく使います。

〈お手洗い〉

　かつては〈トイレ（小用）〉は男、〈お手洗い〉は女、という使い分けがあったものが、年代が下がると〈トイレ（小用）〉=〈WC〉として男女の別なく用いられるようになり、やがて〈お手洗い〉と〈トイレ（小用）〉が年齢の違いをあらわすようになったのです。おもしろい例ですね。

　男女差のある語彙の例としてよく用いられるのが、〈おいしい〉と〈うまい〉です。女性は指文字「ク」の手型であごをなでる動作をするのに対し、男性はグーの形であごをなでます。

〈おいしい〉　　〈うまい〉

　〈おいしい〉にはもうひとつ別の語形があります。「おいしくてほっぺたが落ちる」というしぐさから来ているようで、指文字「ク」の手型で利き手と同じ側のほおを2度たたきます。この形は女性が使うことが多いようです。
　このように、手話にも男女差、年齢差があります。

Ⅲ　日本手話らしい表現

103

28. 日本手話の地域差
—〈名前〉は拇印か名札か

　日本手話にも地域によって異なる方言があります。その代表例は〈名前〉という手話でしょう。関東では拇印を押すしぐさ、関西では名札が語源とされる形が使われます。〈名前〉は東日本と西日本とではっきりと分布が分かれている、典型的な語です。同じような分布を示すものに、〈日曜日〉もあります。

〈名前（東日本）〉　　〈名前（西日本）〉

　東西分布を示すものだけではなく、より複雑な分布を示す手話の語彙もあります。また、全国共通の語彙もたくさんあります。日本手話の方言研究は今後の進展が期待される分野です。

　2010年に筑波技術大学の大杉豊氏による『日本手話言語地図』（試作版）が発表され、全国の都道府県ごとに70代と30代の手話話者から集められた30の語彙（犬、猫、猿、鶏、卵、日曜日、月曜日、火曜日、水曜日、木曜日、金曜日、土曜日、寄宿舎、通学、体育、国語、旅行、日本、フランス、おじいさん、おばあさん、東、西、南、北、茶色、ピンク色、100円、300円、1000円）の分布が地図化されました[i]。

●=〈名前（東日本）〉
▲=〈名前（西日本）〉

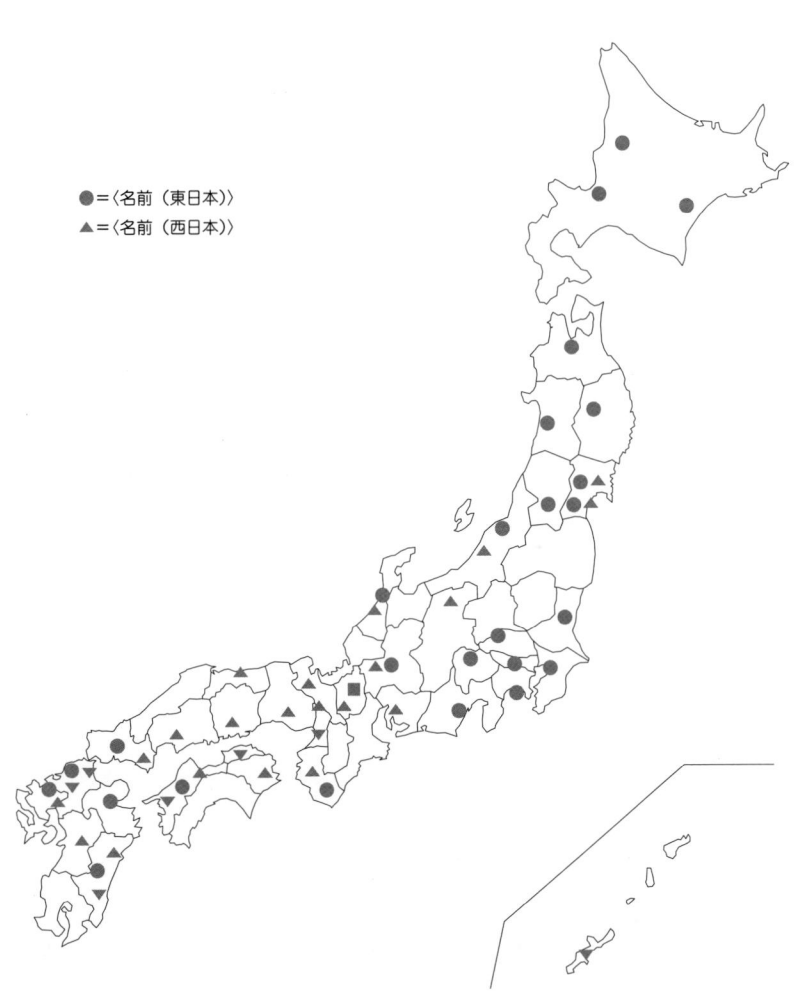

日本手話〈名前〉の東西分布[ii]

Ⅲ　日本手話らしい表現

日本手話には、ほとんどろう学校ごとに違いがあり、教員や児童・生徒の移動にともなって手話のさまざまな方言が伝わったといわれています[iii]。大杉氏の研究成果をもとに、学校関係の語彙に注目して、飛び地的に同じ語形を使っている場所をたどっていくことによって、そのことが証明されるかもしれません。

　70代と30代をくらべると、手話の語彙の種類は明らかに減少しています。テレビやインターネット上の動画など、マスメディアの進歩にともない、手話の標準化が進んでいるのです。
　かつて存在したさまざまなバリエーションの手話を記録しておくことは非常に重要です。昔の手話を残した書物はわずかですが存在しており、そのおかげで、それにもとづいて過去の手話をなんとか復元することができます。現存している高齢の手話話者の語彙を記録しておくことは、未来のろう者や手話学習者、手話研究者にとっても重要なことなのです。
　手話は書きことばをもたず、3次元のことばなので、なかなか記述は容易ではありません。絵や写真、またことばによる記述がいくつかは残っていますが、これからは動画での保存が主流になっていくかもしれません。

　見てわかる手話と、自分が使う手話は必ずしも同じではありません。手話を学習する場合には、ぜひ地元のろう者から自分の地域で使われている手話を学んでください。そうすることで、手話の多様性を守っていくこともできるのです。

---

[i] http://www.tsukuba-tech.ac.jp/ge/~osugi/jslmap/
[ii] http://homepage3.nifty.com/rehab-siob/sotsuken/14/1404hougen.pdf
　松田一恵、矢野恵子、山添晶子、山本綾子（2005）『手話における地域方言について』国立身体障害者リハビリテーションセンター学院手話通訳学科 第14期生卒業研究発表会予稿集 p.7 より
[iii] 台湾や韓国など日本がかつて植民地としていたところでは、ろう学校が日本の統治下で運営され、日本からろうの教員が赴任したことなどで、現地の手話に大きな影響を与えたと考えられています。

あ と が き

　はじめての日本手話の文法書はいかがでしたか？　著者二人でいろいろ話し合って書いている間にたくさんの新たな発見がありました。ただ、大筋がおさえられていない間にあまり細かいことや例外を入れてしまうと逆にわかりにくくなってしまうと思い、思い切って省いたこともたくさんあります。手話の文法にはもっともっとおもしろいことがあります。手話は音声言語とはまったく違う道具を使っているので、一見するととても違う構造をもっているように感じますが、じつは、同じ言語としての共通性（普遍性）があります。文から語、さらにはそれより小さい意味をもたない単位に分けられること、そして、言語としての手話は単に物の形や動きを手で写し取ったものではなく、文法の構造をもっていることです。

　単に繰り返し練習して体で覚えるのではなく、頭を使って整理、理解しつつ、効率よく手話を学びたい。そんな要望に、少しはお答えできたでしょうか。

　日本手話で大事なことはすべて、国立障害者リハビリテーションセンター学院手話通訳学科で学びました。市田泰弘、木村晴美両氏のご指導の賜です。もちろん、この本における至らない点はすべて私たちに責があります。

　この本はろう者にとっても使いやすいものであること、楽しく読み進められるものであることを目ざしました。イラストを描いてくれた島村満里子さんもろう者です。デフアートも少しだけお楽しみいただけたかもしれません。手話の写真撮影は斉藤道雄さん、その写真の合成などの仕事は藤島辰也さんがプロらしい見事な仕事ぶりを発揮してくださいました。心から感謝いたします。

　どこかで私たちを見かけたら、ぜひ日本手話で話しかけてください。

もっと日本手話を勉強したい方のために

参考文献

市田泰弘（2005）『月刊言語』2005年1月号–12月号連載「手話の言語学」大修館書店

木村晴美（2007）『日本手話とろう文化——ろう者はストレンジャー』生活書院

木村晴美（2009）『ろう者の世界——続・日本手話とろう文化』生活書院

坂田加代子・矢野一規・米内山明宏（2008）『驚きの手話「パ」「ポ」翻訳』星湖社

佐々木倫子監修（2008）『バイリンガルでろう児は育つ——日本手話プラス書記日本語で教育を！』生活書院

田門浩監修（2008）『手話と法律・裁判ハンドブック』生活書院

参考サイト

手話文法研究室　http://www.slling.net/
　手話言語学に関する基礎知識や用語集、ブックリストを含め、日本手話の言語学的研究に関する情報提供をおこなっている。

NPO法人バイリンガル・バイカルチュラルろう教育センター
　http://www.bbed.org/
　動画サイト「おとうさん、おかあさんのための手話文法講座」あり。

さくいん

■事項さくいん■

CL　　34-38, 39-41, 42-45
CODA　　32
pt　　53-54
RS　　97-98
WH疑問詞　　61
WH疑問文　　68-70
YES/NO疑問文　　68-70

あ
アスペクト　　52, 80-81
異音　　14-15
位置　　9-10, 11-13, 28
一致　　47-48, 52-56, 72-74, 75
一致動詞　　54, 73-74
韻律　　24, 31
動き　　9-10, 11-13, 28
うなずき　　27, 50, 75, 77-78
オノマトペ　　41
音韻　　8, 11, 20
音韻意識　　9
音素　　11, 14

か
格変化　　46, 49
利き手　　16-20, 23, 30, 36, 39-40
強調構文　　60
首ふり　　27, 62, 70
形容詞　　26, 67, 91, 94
語彙化　　31, 39-41
口型　　81, 89-92, 96
口話　　82

国際手話　　86
固定語彙　　39-41

さ
ジェスチャー　　15, 84
自動詞　　51, 55
接辞　　48, 81
空書　　29, 45

た
対立的　　15
他動詞　　51, 56
調音　　16
調音器官　　16-18
手の形　　9-10, 11-13, 16-17, 28
テンス　　79-80
同化　　24

な
人称　　49, 52-55, 72-73
ネイティブ　　13, 22, 93

は
非利き手　　16-20, 23, 39-40
非手指要素（NMs）
　　　　25, 62, 69-70, 78, 80, 92, 93, 101
非連続的　　26
表情　　25-27, 35, 50, 92, 99, 101
副詞　　26, 79, 91-92
文法化　　76, 80, 98
分裂文　　61
母語話者　　22
パントマイム　　15

ま

マウジング　89
マウスジェスチャー　89
ミニマル・ペア　11-13
無標　17, 84-85
メトニミー　71
モダリティ　32, 94

や・ら・わ

有標　84
指差し　24, 49-51, 53, 68, 72, 74, 75
指文字　29-31, 45-46, 93, 後見返し
ラベル　28
連続的　25
話題化　59-61

■人名索引■

ストーキー，ウィリアム　9-10
大曾根源助　29
バチソン，ロビン　16, 18

■手話ラベル索引■

あ

秋田　24
暖かい　19
温める　88
頭が壊れる　96
新しい　12
雨　77
歩く　14
あわただしい　19
言う（5指）　54-55
言う（人差し指）　60

家　42
行く（車で・新幹線で・飛行機で）　87
行く（ふつう・丁寧）　100
医者　85
うまい　103
うれしい　26
運転する　36
エレベーター　38
おいしい　103
おかしい　13
お金　84
怒る　73
教える　15
お手洗い　103
男　47, 84
お願いします　23
おめでとう　12
降りる　38
女　47, 84
終わり　90

か

学生　18
過去　79
数が少ない　90
かまわない　13
川　45
黄色　11
消える　90
聞こえない　65
教師　85
配る　56
車　36, 43
現在　79
こぐ　37
断る　19
コミュニケーションのズレ　90

壊す　51

さ
寒い　58
自転車　37, 51
死ぬ　56
渋滞　77
食事　43
知る　52
する　31
そうそう（同意）　93
相談　18

た
大したことない　91
助ける　20
たとえば　17
食べる　86
男女（一組）　47
違う（片手）　67
中（継続）　81
机　43
ドア　38, 43
トイレ（小用）　102
跳び上がる　39
飛ぶ　44
トラックを運転する　37

な
ない（意思）　62
ない（存在しない）　63
　　　（売り切れ）　63
　　　（ガラガラ）　63
納得する　10
名前　104
なるほど　11
なあんだ　90

寝る　57

は
墓　44
腹が痛む　96
ハワイ　50
パン　58
飛行機　44
びっくりする　39
　　　（心臓破裂）　40
　　　（あご外れ）　40
　　　（目玉飛び出し）　40
必要　66
人々　47
ビル　44
不必要　66
不満　90
本　42

ま
まだ　64
待つ　52
見えない　65
未来　79
見る　27, 62
昔むかし　79
無理　31
無理（むずかしい）　65
目が高い / 安い　95

や・ら・わ
山　42
読む　28
よろしく　23
理由・意味　18
両陛下　100
わかる　10, 46

[編者・著者紹介]

特定非営利活動法人 バイリンガル・バイカルチュラルろう教育センター（BBED）
1999年デフ・フリースクール龍の子学園としてスタート。2003年にNPO法人格を取得。08年構造改革特区による学校法人明晴学園を設立しフリースクールが独立。現在は日本手話教室や教材開発、講演活動などを展開しバイリンガルろう教育への理解と普及をめざしている。

岡　典栄（おか　のりえ）
東京大学文学部言語学科、国立障害者リハビリテーションセンター学院手話通訳学科卒業、英国ケンブリッジ大学言語学修士（M.Phil.）、一橋大学大学院言語社会研究科博士（Ph.D.）。現在、学校法人明晴学園国際部長。手話通訳士。

赤堀仁美（あかほり　ひとみ）
ろうの両親から生まれたろう者。静岡県立沼津ろう学校普通科、玉川大学教育学部卒業、NECソフトウェアなど一般企業、学校法人明晴学園手話科主任・小学部教諭を経て、現在、NPO法人手話教師センター理事・手話教師、明晴学園中学部主任、NHK手話ニュースキャスター。

文法が基礎からわかる　日本手話のしくみ
©BBED, OKA Norie, AKAHORI Hitomi, 2011　　　NDC378／111p／21cm

初版第1刷───2011年4月10日
　第13刷───2025年6月10日

編　者	NPO法人バイリンガル・バイカルチュラルろう教育センター
著　者	岡　典栄／赤堀仁美
発行者	鈴木一行
発行所	株式会社　大修館書店

　　　　〒113-8541　東京都文京区湯島2-1-1
　　　　電話 03-3868-2651（営業部）／03-3868-2291（編集部）
　　　　振替 00190-7-40504
　　　　[出版情報] https://www.taishukan.co.jp

装幀	杉原瑞枝	イラスト	島村満里子
手話モデル	赤堀仁美	写真撮影	斉藤道雄
写真合成	藤島辰也	校正協力	加藤由紀子
印刷	広研印刷	製本	難波製本

ISBN978-4-469-22215-9 Printed in Japan

Ⓡ本書のコピー、スキャン、デジタル化等の無断複製は著作権法上での例外を除き禁じられています。本書を代行業者等の第三者に依頼してスキャンやデジタル化することは、たとえ個人や家庭内での利用であっても著作権法上認められておりません。

ワ	ラ	ヤ	マ	ハ
ヲ(後ろに引く)	リ		ミ	ヒ
ン	ル	ユ	ム	フ
	レ		メ	ヘ
	ロ	ヨ	モ	ホ